Helena Arendt

Naturgeschenke

100 Ideen zum Gestalten mit Kindern

W0315644

Haupt
GESTALTEN

Helena Arendt

Naturgeschenke

100 Ideen
zum Gestalten mit Kindern

Haupt Verlag

1. Auflage: 2014

Bibliografische Information der Deutschen Nationalbibliothek
Die Deutsche Nationalbibliothek verzeichnet diese Publikation in der Deutschen Nationalbibliografie; detaillierte bibliografische Daten sind im Internet über http://dnb.dnb.de abrufbar.

ISBN: 978-3-258-60075-8

Alle Rechte vorbehalten.
Copyright © 2014 Haupt Bern
Jede Art der Vervielfältigung ohne Genehmigung des Verlages ist unzulässig.

Umschlag, Gestaltung und Satz: Doris Wiese, D-Bollschweil
Fotografien: Helena Arendt, D-Münster
Lektorat: Anja Fuhrmann, D-Berlin

Gedruckt in Slowenien

MIX
Papier aus verantwortungsvollen Quellen
FSC® C057358

www.haupt.ch

Wünschen Sie regelmäßig Informationen über unsere neuen Titel zum Gestalten? Möchten Sie uns zu einem Buch ein Feedback geben? Haben Sie Anregungen für unser Programm? Dann besuchen Sie uns im Internet auf www.haupt.ch. Dort finde Sie aktuelle Informationen zu unseren Neuerscheinungen und können unseren Newsletter abonnieren.

Die Natur ist das schönste Geschenk

Als ich ein kleines Mädchen war und noch nie mein Dorf verlassen hatte, kam mein Vater eines Tages von einer längeren Reise zurück. In seiner Jackentasche hatte er ein Geschenk für mich. Es war nur ein winzigkleines Schächtelchen aus Pappe, aber ich werde es niemals vergessen. Ich öffnete es, und heraus fiel eine kleine bunte Muschel. Ich weiß nicht mehr, ob mich die schöne Spirale oder der Glanz des Perlmutts mehr faszinierte, aber ich weiß, dass ich von diesem Moment an oft vom großen Meer träumte, und von Sand und Strand, und mir nichts inniger wünschte, als einmal dort zu sein.

Fortan hütete ich die kleine Muschel wie einen kostbaren Schatz. Obwohl sie völlig wertlos war, regte sie mich immer wieder zu den schöpferischsten Spielen an und machte mich reich an Träumen und Fantasien.

So ähnlich ging es mir auch mit vielen anderen kleinen Naturfundstücken, die ich damals selbst im Wald und auf Wiesen entdeckte: Steinchen, Stöckchen, Federn oder Samenkapseln waren für mich die allerschönsten Geschenke, mit denen mich die Natur immer wieder aufs Neue überraschte und mit denen ich stundenlang spielte.

Meine Kindheit verbrachte ich zum großen Teil im Freien, in einer Welt, die noch aus verwilderten Grundstücken, blühenden Wiesen und unbefestigten Bächen bestand. Die Natur bot eine endlose Vielfalt an Materialien wie Hölzern, Pflanzen, Steinen und anderen Dingen, die man je nach Art des Spiels gestalten oder fantasievoll umdeuten konnte. Doch nicht nur die Kinder, auch die Erwachsenen verbrachten damals wesentlich mehr Zeit in der Natur. Pilze und Kräuter wurden gesammelt und getrocknet und für den Winter, in dem es keine Blumen gab, haltbare Trockensträuße arrangiert.

Alle Erscheinungsformen der Natur sprechen ganz direkt unsere Sinne an. Der unerschöpfliche Formen- und Fantasiereichtum besitzt das Potenzial, jeden Menschen zu begeistern und seine kreativen Kräfte zu mobilisieren. Natur ist immer Wirklichkeit aus erster Hand. Wir werden mit einer unendlichen Fülle von unterschiedlichen Materialien und Fundstücken beschenkt. Pflanzen, Steine, Hölzer, Erden, Federn und Muscheln bereichern unser Leben und schenken uns viele Glücksmomente.

Dabei geht es auch und vor allem um die kleinen, unspektakulären Dinge, die du am Wegrand finden kannst. Wenn du diese mit deinen Augen wahrnimmst, mit deinen Händen aufsammelst, sie befühlst, betrachtest und bestaunst, dann bist du auf dem richtigen Pfad, ihre tieferen Geheimnisse selbst zu ergründen.

Ich wünsche mir, dass viele Kinder und auch Erwachsene durch die zahlreichen Anregungen und Ideen in diesem Buch neugierig werden auf die unendliche Vielfalt und Schönheit der Natur. Und dass sie mit ihren Naturgeschenken anderen Menschen ein ähnliches Glücksgefühl verschaffen, welches mir damals jene kleine Muschel bereitet hat.

Einleitung

«Glaube mir, du wirst mehr in den Wäldern finden als in den Büchern. Bäume und Steine werden dir zeigen, was du von keinem Lehrmeister hörst.»
Bernhard von Clairveaux, ein bedeutender Mönch im 11. Jahrhundert

Dieses Buch breitet die große Vielfalt der Natur und ihrer Materialien vor dir aus. Außerdem ist es eine reiche Fundgrube an Ideen und Gestaltungsvorschlägen.

Viele Beispiele sind geeignet für Kinder ab fünf Jahren, aber auch alle älteren Kinder sowie deren Eltern und Erzieher …

Du kannst zu jeder Jahreszeit Naturmaterialien sammeln. Im Frühling und Sommer gibt es zahlreiche Pflanzen und im Herbst und Winter sind Erden, Hölzer und Steine äußerst spannende Werkstoffe.
Die Ideen und Vorschläge in diesem Buch beginnen im späten Frühling bei den Pflanzen und enden im Winter bei der Erde und den Steinen.

Du findest hier Geschenkideen, die mit sehr verschiedenen Materialien aus unterschiedlichen Bereichen der Natur gefertigt wurden:

1. Frische Pflanzen
2. Getrocknete Pflanzen
3. Herbstblätter
4. Samen und Früchte
5. Hölzer
6. Erde und Steine
7. Naturmix

Wenn du möchtest, gestalte dein Naturgeschenk für ganz unterschiedliche Zwecke, zum Beispiel

- als Kunstobjekt
- zur Dekoration
- für die Körperpflege
- zum Essen und Trinken
- für besondere Zwecke

Vom Sammeln in der Natur

Jedes Moospolster, jede Baumrinde, jede Blüte ist ein Lebensraum, für sich und für die anderen.

Wenn du in der Natur Materialien sammelst, dann suchen deine Augen den Boden aufmerksam ab. Bestimmt wirst du bald irgendwelche kleinen Dinge entdecken, die dir wegen ihrer Form oder Farbe besonders auffallen.

Sammle aber nur die Naturstücke auf, die du wirklich brauchst. Reiße niemals etwas ab, sondern hebe die Dinge auf, die auf dem Boden liegen. Zerstöre keine Pflanzen und Lebensräume, denn alles in der Natur hat eine Bedeutung. So brauchen vielleicht manche Tiere dieselben Eicheln, mit denen du gerade basteln willst, als Nahrung, oder die lockere Baumrinde, die du jetzt am liebsten mitnehmen würdest, dient kleinen Insekten als Wohnung.

Unter Naturschutz stehende Pflanzen, wie zum Beispiel Weiden mit ihren Weidenkätzchenknospen, sind völlig tabu! Sammle nur Pflanzenmaterial, das weit verbreitet ist.

Die Natur braucht deinen Schutz. Darum handle umsichtig. Den größten Respekt für die Natur erweisen wir ihr, wenn wir sie nicht lieblos plündern, sondern immer mit Herz und Verstand handeln.

Stelle zu deinem eigenen Schutz beim Sammeln von Pflanzen sicher, dass keine Behandlung mit schädlichen Stoffen stattgefunden hat. Bei Unsicherheit immer die Hände weg! Auch solltest du dich vorher erkundigen, ob eine Pflanze Allergien auslösen kann.

Grundsätzlich kannst du zu jeder Jahreszeit Materialien sammeln. Manche sind sehr lange haltbar, andere wiederum verändern sich im Laufe der Zeit.

Zu den haltbaren gehören Steine, Sand, Erden, Schneckenhäuser und Federn.

Zu den vergänglichen und empfindlichen Naturmaterialien gehören alle Arten von frischen und getrockneten Pflanzen. Blätter vertrocknen, zerbrechen und zerbröseln im Laufe der Zeit immer mehr. Kartoffeln schrumpeln, Kastanien werden runzlig.

Naturmaterial gestalten

Die kreativste Künstlerin ist die Natur.

Jedes Naturmaterial ist gewachsene Schönheit. Du musst keine Raritäten sammeln, denn in jedem auf den ersten Blick noch so unscheinbaren Fundstück verbirgt sich ein einzigartiges Kunstwerk. Nimm dir genügend Zeit, schaue es an, betrachte es von allen Seiten. Die Formen, Farben und Strukturen eines jeden Teilchens sind einmalig.

Wenn du die Dinge aus ihrer natürlichen Umgebung entnimmst und sie nach Hause bringst, dann bekommen sie einen neuen Platz und eine neue Bedeutung.

Wenn dir dein Fund so gefällt wie er ist, dann brauchst du dir nur zu überlegen, wie du ihn am besten präsentieren willst. Jedes noch so scheinbar unbedeutende Stück bekommt größere Aufmerksamkeit, wenn es in besonderer Weise gezeigt oder dargeboten wird. Das kann ein einfacher kleiner Holzsockel, ein altes Weckglas oder eine besondere Schachtel sein – sofort erhält dein Naturfund mehr Wirkung.

Wenn du die Fundstücke zu kreativen Bildern oder Objekten arrangierst, dann lasse dir vor dem endgültigen Gestalten immer viel Zeit zum Spielen und Experimentieren. Probiere verschiedene Möglichkeiten durch.

Viele Ideen in diesem Buch solltest du auf keinen Fall zu genau nachmachen, lasse dich von den Beispielen eher anregen. Du wirst sehen, dass jedes Naturmaterial auf seine Weise sehr reizvoll und faszinierend ist. Lasse dich zu deinen eigenen Kreationen inspirieren!

DEKORATION

ESSEN & TRINKEN

KÖRPERPFLEGE

KUNST

BESONDERES

Geschenke aus Pflanzen

FRÜHLING UND SOMMER

Wasserblüten

Wenn wir draußen spazieren gehen, schenken wir normalerweise den allerkleinsten wilden Blumen am Wegrand nur wenig Beachtung. Dabei sind Gänseblümchen und Scharbockskraut, Ehrenpreis und Butterblumen zauberhaft schön, wenn man sie nur richtig in Szene setzt.

Zupfe ein paar Blütenköpfe ab und lasse sie in einer Schale mit Wasser schwimmen. Die Blütenblätter breiten sich auf der Wasseroberfläche vollständig aus. So kannst du sie gut betrachten und bewundern: die Form der Blüte, die Farben und das feine Netz der winzigen Adernlinien.

Tipp: Verwende für deine Blüteninseln alle möglichen brauchbaren Gefäße aus unterschiedlichen Materialien: Schüsseln, Schalen und Teller aus Glas oder Porzellan oder Gläser in verschiedenen Größen.

Blumenkränze

An vielen Wegrändern, auf Wiesen und an Bächen findest du im Sommer zahlreiche bunte Wildblumen. Sie lassen sich zu duftigen Blumenkränzen verflechten. Und so ein farbenfroher Kopfschmuck ziert jedes Geburtstagskind, ob jung oder alt!

Das brauchst du

- 1 Stück Blumendraht oder Zwirn
- Schere
- Wäscheklammer

So gehst du vor

- Flechte die ersten Blumen zu einem kleinen Zopf und sichere ihn dann mit Zwirn oder Draht.
- Stecke nun nach und nach immer mehr Blumen ein und verflechte sie miteinander.
- Zwischendurch kannst du das Ganze immer wieder mit Faden oder Draht abbinden oder mit der Wäscheklammer fixieren.

Ein Blumenkranz schmückt aber nicht nur den Kopf, man kann ihn auch an die Wand hängen oder auf den Tisch legen.

In den beiden Tischkränzen hier wurde ein langer Strang Klettenlabkraut zu einem Kranz verschlungen. Labkräuter sind bei uns sehr weit verbreitet und kommen nicht nur als Ackerunkraut, sondern auch in Hecken und an Wegrändern vor. Sie besitzen bis zu 1,50 m lange biegsame Stängel, die sich ohne jegliche Hilfsmittel leicht verflechten lassen. In das dichte, filzige Flechtwerk kannst du nun die Blüten vom Wegrand leicht einsetzen, die Distel- und auch Klettenblüten bleiben nämlich einfach darin kleben. Übrigens: Die Kränze sehen auch noch getrocknet sehr dekorativ aus.

Tipp: Soll dein Blumenkranz ein paar Tage lang sein frisches Aussehen behalten, dann lege ihn am besten in eine flache Schale oder einen Teller mit Wasser.

Blumengefäße

Fülle ein paar Marmeladengläser mit kleinen Kieselsteinen, und schon hast du mit wenig Aufwand originelle Gefäße für deine selbstgesammelten Pflanzen gezaubert!

Für eine Zweigvase brauchst du

- 1 Handvoll Zweige
- Gartenschere
- 1 Marmeladenglas
- Heißklebepistole

Die Marmeladengläser kannst du zum Beispiel auch mit Grashalmen, Moos, Rinden oder Zweigen dekorieren.

So gehst du vor

- Schneide die Zweige auf die zum Glas passende Länge. Damit das Glas unsichtbar wird, sollten die Zweige etwas länger sein.
- Klebe die Zweige mit der Heißklebepistole nebeneinander rundherum auf das Glas.
- Jetzt kannst du noch weitere klein geschnittene Zweige in mehreren Lagen kreuz und quer darauf kleben.

Sammle nicht nur junge und glatte Zweige, denn vor allem die alten, verschrumpelten und mit Flechten überzogenen sehen besonders geheimnisvoll aus.

Tipp: Weitere Ideen für schöne Naturgefäße findest du auf Seite 210–211.

Blüten im Netz

Diese lustigen bunten Kreationen kosten nichts! Alles was du brauchst, ist ein Obst- oder Gemüsenetz, ein leeres Marmeladenglas und etwas Moos, das häufig auf alten Rasenflächen wächst.

Das gelbe Netz steckt in einer leeren Konservendose, in die zuvor mit Hammer und Nagel einige Löcher gestanzt wurden.

Hülle das mit Wasser gefüllte Marmeladenglas in etwas weiches Moos ein und stelle das Ganze in ein buntes Gemüsenetz. Falls das Netz zu weit ist, binde es mit Garn einfach etwas zusammen. Nun kannst du nach Belieben verschiedene Blüten durch das Moos in das Wasserglas schieben. Schon einige wenige Blüten leuchten fantastisch auf dem grünen Untergrund.

Wachsblumen

In früheren Zeiten, als man frische Blumen nur im Sommer zur Verfügung hatte, wurden Blüten häufig in Wachs konserviert. So behielten sie ihre Form und konnten ihre Farben für lange Zeit erhalten.

Das brauchst du

- Kochtopf mit etwas Wasser
- leere Konservendose
- weißes Wachs
- Pinzette

So gehst du vor

- Gib das Wachs in die Konservendose und stelle sie in den mit etwas Wasser gefüllten Kochtopf.
- Erhitze das Ganze, bis das Wachs flüssig ist. Es sollte dabei aber nicht zu heiß werden!
- Jetzt kannst du die Blüten oder Blätter mit einer Pinzette kurz in das flüssige Wachs tauchen.
- Nun noch ein wenig abtropfen lassen, fertig!

Zauberblumen

Wetten, dass man weiße Blumen in rosarote verwandeln kann?
Geeignet sind weiße Blumen wie beispielsweise Rosen, Tulpen, Nelken, Glockenblumen, Alpenveilchen oder Dahlien. Besorge dir für diesen Zaubertrick außerdem ein Gläschen rote Tinte.

So gehst du vor

- Fülle etwas rote Tinte in ein kleines, sehr schmales Glas.
- Schneide den Stiel einer weißen Blume deiner Wahl möglichst schräg an und stelle ihn in die Flüssigkeit.
- Schon bald beginnen die weißen Blütenblätter sich rot zu färben. Du kannst genau beobachten, wie die rote Tinte allmählich in den Adern der Blütenblätter aufsteigt. Diese haarfeinen Leitungen versorgen alle Pflanzen mit Wasser und Nährstoffen. Eine geheimnisvolle Kraft sorgt dafür, dass die Flüssigkeit hoch steigt.

Tipp: Wenn du Freude am Experimentieren hast, probiere Folgendes aus: Spalte den Stängel deiner weißen Blume der Länge nach in zwei Hälften auf und stelle die Hälften in zwei verschiedenfarbige Tinten (zum Beispiel rot und blau). Was meinst du, was passiert?

Süße Blüten

Kandierte Blüten sind eine zuckersüße Freude!
Die bunten Farbtöne der Blütenblätter sehen nicht nur verlockend schön aus, sie besitzen auch ganz unterschiedliche, feine Geschmacksnoten. Wenn du möchtest, kannst du diese Delikatesse einfach so wegnaschen, oder aber Quark, Joghurt und Pudding damit krönen.

Das brauchst du

- Schälchen mit Eiweiß
- Schälchen mit sehr feinem Zucker
- Butterbrotpapier
- Pinsel
- Löffel

So gehst du vor

- Lege die Blüten auf das Papier und bepinsele sie behutsam von beiden Seiten mit dem Eiweiß.
- Stäube den Zucker darüber.
- Lasse die Blüten ein paar Stunden trocknen.

Tipp: Geeignet sind Rosen, Veilchen, Gänseblümchen, Ringelblumen, Malven, Stiefmütterchen und Holunderblüten. Köstlich schmecken auch gezuckerte Blätter von Pfefferminze und Zitronenmelisse.

Blütenessig

Knackiger Salat schmeckt lecker und frisch. Aber erst ein aromatischer Kräuteressig verleiht ihm den richtigen Pfiff. Mit ein paar Kräutern und Blüten kannst du einen einfachen Weinessig in einen duftenden Blüten- und Kräuteressig verwandeln.

Das brauchst du
- 1 leere normale Flasche mit Verschluss
- 1 Flasche einfachen Weißweinessig
- 1 leere dekorative Flasche mit Verschluss

So gehst du vor
- Gib nach Belieben einige Kräuter und Blüten in die normale Flasche.
- Übergieße das Ganze mit dem Weinessig.
- Verschließe die Flasche fest und stelle sie für etwa zwei Wochen an einen sonnigen Platz.
- Gieße den Essig durch ein Sieb in die dekorative Flasche.

Tipp: Du kannst folgende Kräuter, Blüten und Gewürze verwenden: Lavendel, Rosmarin, Thymian, Estragon, Zitronenmelisse, Blätter und Blüten der Kapuzinerkresse, Rosenknospen, Gänseblümchen, Holunderblüten, Pfefferkörner.
Für Lavendelessig übergießt du einfach ein Bündel Lavendel mit dem Weißweinessig.

Johanniskrautöl

Johanniskrautöl ist schon seit der Antike berühmt für seine vielfältigen Heilwirkungen. Es wird äußerlich zum Einreiben bei Muskelschmerzen, leichten Verbrennungen und kleinen Entzündungen verwendet.

Das brauchst du
- Johanniskrautblüten (Menge siehe Anleitung)
- 1 Glas mit Schraubdeckel
- Olivenöl
- Kaffeefilter
- 1 dunkle Glasflasche

So gehst du vor
- Sammle frische Johanniskrautblüten. Das Glas sollte zu etwa zwei Dritteln damit gefüllt sein.
- Gieße Olivenöl darüber, bis die Blüten bedeckt sind.
- Verschließe das Glas und stelle es an einen hellen, warmen Platz.
- Schüttele das Öl ab und zu.

- In drei bis sechs Wochen färbt sich das Öl leuchtend rot. Darum wird es häufig auch als Rotöl bezeichnet.
- Filtere das fertige Öl durch einen Kaffeefilter.
- Gieße das Öl in die dunkle Flasche und schreibe das Datum darauf.

Bärlauchpesto

Bärlauchpesto schmeckt köstlich und herzhaft auf frischem Brot oder zu Pasta. Wenn du die Bärlauchblätter im Wald sammelst, dann gehe vorher ganz sicher, dass es sich nicht um die ähnlichen, jedoch giftigen Blätter von Maiglöckchen handelt! Bärlauch kannst du sehr sicher am typischen Knoblauchgeruch erkennen, wenn du das Blatt reibst und es dabei unter die Nase hältst

Tipp: Wenn der Bärlauch blüht, ist es zum Sammeln der Blätter zu spät. Aber der Anblick der weißen Blütenmeere ist eine wahre Freude!

Das brauchst du

- Rührschüssel
- Pürierstab
- 500 g Bärlauchblätter
- 250 ml Olivenöl
- 80 g geriebenen Parmesankäse
- 100 g zerkleinerte Walnüsse
- etwas Salz
- etwas Pfeffer
- kleine Gläser mit Schraubverschluss

So gehst du vor

- Wasche die Blätter und trockne sie gründlich ab.
- Püriere die Blätter mit dem Olivenöl in der Rührschüssel.
- Füge die übrigen Zutaten hinzu und rühre gut um.
- Fülle das Pesto in kleine Gläser und gieße noch etwas Öl obenauf.
- Bewahre das Pesto kühl auf. Es hält sich etwa ein Jahr.

Ringelblumentee

Gelbe und orangefarbene Ringelblumen lassen nicht nur die Sommergärten leuchten, sondern sie sind auch für ihre heilenden Wirkungen bekannt.

Meistens werden die getrockneten Ringelblumen in Teemischungen zusammen mit anderen Kräutern verwendet. Reiner Ringelblumentee stärkt vor allem das Immunsystem und hilft bei Einschlafstörungen sowie Kopfschmerzen.

So gehst du vor

- Gib einen Teelöffel getrocknete Ringelblütenblätter in eine Tasse.
- Übergieße die Blüten mit heißem Wasser.
- Lasse den Tee abgedeckt zehn Minuten ziehen.
- Seihe den Tee durch ein Sieb.

Am besten trocknest du die ganzen Blüten schonend an einem schattigen Platz. Nach ein paar Tagen lassen sich die Blütenblätter leicht vom Blütenkorb zupfen.

Tipp: Für eine Teemischung kannst du außer Ringelblumen noch folgende Kräuter verwenden: Pfefferminze, Zitronenmelisse, Lindenblüten, Kamilleblüten, Malvenblüten.

Ringelblumensalbe

Bei kleinen Wunden und Entzündungen ist Ringelblumensalbe sehr wirksam.

Das brauchst du

- 30 g frische Blütenblätter von Ringelblumen
- 1 kleine Tasse Wasser
- kleinen Kochtopf
- 100 g Lanolin (Wollwachs) aus der Apotheke
- Baumwolltuch
- verschließbares Gefäß

So gehst du vor

- Gib die Blütenblätter mit dem Wasser in einen Topf und lasse das Ganze vorsichtig bei niedriger Temperatur unter Rühren köcheln, bis das Wasser fast verdampft ist.
- Füge das Lanolin hinzu und verrühre alles gut miteinander.
- Presse die Mischung durch ein Baumwolltuch und gib die Salbe in ein Gefäß, das du gut verschließt.

Ringelblumensamen

Woher hat die Ringelblume ihren Namen?
Wenn du die Samen von Ringelblumen betrachtest, erkennst du zu allererst, dass es ganz verschiedengroße, unterschiedliche Formen gibt. Alle diese Samen, die in einer einzigen Blüte stecken, haben der Pflanze ihren Namen gegeben. Der äußere Rand der Samen ist außerdem geriffelt. So können sie gut auf einem Tierfell haften und zu ihrer Verbreitung transportiert werden.

Ringelblumenöl

Ringelblumenöl pflegt und verwöhnt die Haut mit vielen Wirkstoffen.

Das brauchst du

- 2 Handvoll frische Blütenblätter von Ringelblumen
- 1 kleines Glas mit Schraubdeckel
- Olivenöl
- Kaffeefilter
- dunkles Gefäß

So gehst du vor

- Gib die Blütenblätter in das Glas und lasse sie für ein bis zwei Stunden leicht antrocknen.
- Übergieße sie mit dem Öl, sodass sie vollständig bedeckt sind.
- Verschließe das Glas und lasse die Mischung zwei bis drei Wochen durchziehen.
- Seihe sie durch einen Kaffeefilter ab.
- Gieße das Öl zum Aufbewahren in ein dunkles Gefäß.

Ringelblumenseife

Seifen mit den herrlich gelben und orangefarbenen Blüten von Ringelblumen sind ein Hit! Außerdem eignen sich Ringelblumen auch wegen ihrer heilenden Wirkstoffe bestens für Seifen.

Für die tolle transparente Seife brauchst du Glycerinmasse aus dem Bastelladen und einen Joghurtbecher zum Gießen. Als Duft passt dazu sehr gut ein frisches Zitronenöl. Mehr über Seife erfährst du auf den Seiten 66–69.

Deine runden, selbst gegossenen Seifen kannst du so verpacken, dass sie aussehen wie Blüten. Schneide aus Butterbrotpapier zwei verschieden große Kreise aus. Lege den kleinen Kreis auf den großen und zerknülle das Papier leicht. Lege die Seife hinein und binde einen kleinen Bastfaden darum.

Die Kugelseife besteht aus zerriebenen Seifenresten, welche mit den gelben Blütenblättern, warmem Wasser und Olivenöl verknetet werden (siehe Seite 68).

Geranientinte

Habt ihr rote Geranien auf dem Balkon? Dann kannst du aus einer Handvoll Blüten eine herrlich rote Tinte zum Schreiben und Malen zaubern! Vielleicht für einen Liebesbrief?

Viele Geraniensorten von Rosa bis Rot blühen im Sommer auf Terrassen und Balkonen. Alle roten Sorten enthalten sehr intensive Farbstoffe, die sich beim Kochen leicht herauslösen lassen.

Das brauchst du

- 2 Tassen rote Geranienblüten
- 1 Tasse Wasser
- kleinen Kochtopf
- Rührlöffel
- evtl. einen Esslöffel Alaun aus der Apotheke
- Teesieb
- kleines Glas mit Schraubverschluss

So gehst du vor

- Koche die Blütenblätter mit dem Wasser etwa zehn Minuten lang bei niedriger Temperatur. Rühre dabei um.
- Füge beim Kochen eventuell etwas Alaun hinzu. Löse dafür vorher einen Esslöffel Alaun in sehr heißem Wasser auf und gib diese Flüssigkeit in den Topf. Durch das Alaun wird die Farbe noch intensiver und ist anschließend auch länger haltbar. Je weniger Wasser du zum Kochen verwendest, desto kräftiger wird die Farbe.
- Seihe die Blütenblätter durch das Teesieb ab.

Tipp: Wenn du nun noch eine etwas größere Gänsefeder besorgst, dann ist dein Geschenk perfekt! Mit einem Küchenmesser kannst du die Spitze der Feder schräg abschneiden. Nun tauche die Feder in die rote Tinte und schreibe wie damals unsere Vorfahren im Mittelalter.

Räucherbündel

In Süddeutschland gibt es von alters her in der Winterzeit den Brauch, mit dem Räuchern von aromatischen Kräutern die bösen Geister auszutreiben. Viele heimische Pflanzen eignen sich dafür: Lavendel, Salbei, Schafgarbe, Johanniskraut, Thymian, Minze, Melisse, Dost, Tanne, Wacholder.

So gehst du vor

- Die Pflanzen werden gebündelt und anschließend mit einem Bindfaden aus Naturmaterial, zum Beispiel Hanf, Wolle oder Baumwollfaden, umwickelt.
- Dann hängst du das Bündel an einen schattigen Ort und lässt es trocknen.
- Das trockene Bündel bindest du an einen Holzstab.

Zünde das Bündel an der Spitze an und schwinge es an dem Stab leicht hin und her, bis es glimmt. Der Rauch duftet intensiv nach den würzigen Pflanzen und vertreibt graue Tage und trübe Gedanken.

ACHTUNG! Anzünden und Räuchern auf alle Fälle immer draußen im Freien! Kinder dürfen nur zusammen mit Erwachsenen Feuer machen.

Lavendelzucker

Eine süße Verführung! Frische Erdbeeren mit einem Hauch von Lavendelzucker …
Mit seiner feinen Duftnote verleiht er vielen Desserts ein außergewöhnliches Aroma.
Er ist auch geeignet zum Verfeinern für Kuchen, Kekse, Sahne oder Tee.

Das brauchst du

- 1 Esslöffel Lavendelblüten, frisch oder getrocknet
- 100 g weißen Zucker
- 1 Glas mit Schraubdeckel

So gehst du vor

- Zupfe frische Blüten von einem Lavendelstrauch oder zerreibe getrocknete Blüten in einem Mörser.
- Vermische die Blüten mit dem Zucker.
- Fülle die Mischung in ein Glas und lasse es geschlossen ein paar Tage stehen.
- Wenn du magst, kannst du den Zucker sieben.

Mehr aus Lavendel

- Aus Lavendel kannst du einen aromatischen Essig herstellen (siehe Seite 28).
- Aus Lavendelpflanzen kannst du duftendes Papier schöpfen (Seite 54).
- Du kannst Lavendelblüten in schöne, transparente Seifen eingießen (Seite 66).

Blätterpäckchen

Meistens fallen uns die Kletten wegen ihrer stacheligen Blüten eher unangenehm auf. Sie verhaken sich gern in den Kleidern und lassen sich dann nur mit größter Mühe wieder entfernen. Klettenpflanzen wachsen häufig in Gruppen auf Schuttplätzen, auf Dämmen oder an Bachufern.

Aber wer hätte das gedacht: Die jungen, filzigen Klettenblätter und Triebe kann man essen und sie wie Spinat zubereiten! Oder die Blätter in flüssigen Teig tauchen und ausbacken.

Außerdem sind die riesengroßen, herzförmigen Klettenblätter sehr gut geeignet, um darin kleine Geschenke originell zu verpacken.

In der Antike verwendete man die Blätter als wohltuende Umschläge bei Verrenkungen.

Und wusstest du schon, dass es in zahlreichen tropischen Ländern auch noch heutzutage üblich ist, dass man auf den Märkten viele Nahrungsmittel wie Reis oder Fisch in große Blätter verpackt und diese zum Kauf anbietet? Wie schön, wenn man auf diese Weise viel Verpackungsmüll einspart!

Flechtgräser

Viele Gräser eignen sich zum Flechten: Binsen, Schilf, Roggen, Weizen, Gerste, Hafer, Mais und einige hohe Gräserarten mit langen, breiten Blättern wie zum Beispiel die Wald-Segge. Im Garten findet sich häufig das Chinaschilf.

Das kleine Tischset aus Chinaschilf ist beim Trocknen verblasst.

Die Wald-Segge hat breite, stabile Blätter, die das Flechten leicht von der Hand gehen lassen.

Der Zopf rund um das Glas ist aus Maisblättern geflochten.

Die Blätter dienen ebenfalls als Sets und als Tischschmuck.

So gehst du vor

- Klemme zu Beginn eine gewünschte Zahl Gräser unter einem Brett oder schweren Buch parallel dicht nebeneinander fest.
- Nun kannst du das erste Gras senkrecht dazu einarbeiten, indem du es nacheinander einmal über und einmal unter die festgeklemmten Gräser flichst.
- In der nächsten Reihe fährst du ebenso fort. Allerdings schiebst du das zweite Gras zunächst unter das andere und flichst weiter.

- Man kann diesen Flechtvorgang so weit fortsetzen, wie es die Länge der Gräser zulässt.
- Beim Trocknen schrumpfen die Gräser ein. Wenn der Trocknungsvorgang beendet ist, klebe rundherum die Gräser an den Kanten zusammen. Das macht das Geflecht haltbarer.

Mit etwas Geduld kannst du aus Gräsern kleine, rechteckige Flechtwerke anfertigen. Sie machen sich gut als Wand- oder Fensterschmuck oder auch als Tischset.

Grasköpfe

Bestimmt wirst du jeden Tag neugierig zur Fensterbank laufen, um nachzuschauen, ob die Haare deiner Dosenmonster wieder ein Stückchen gewachsen sind. Ein wunderbares Geschenk, an dem man länger Freude hat als an einem gekauften Blumenstrauß.

Das brauchst du

- dünne Nylonstrümpfe (Söckchen, Kniestrümpfe, lange Strümpfe oder Strumpfhosen)
- Watte
- 1 leeres Glas (oder 1 leere Konservendose)
- Grassamen
- Nadel
- Faden
- 2 Knöpfe
- Haushaltsgummi

So gehst du vor

- Fülle in die Zehenpartie eines 20 bis 25 cm langen Strumpfes Grassamen ein.
- Stopfe nun die Watte fest und dicht in den übrigen Strumpf und sorge dafür, dass die Samen in der Spitze bleiben.
- Lege den fest gefüllten Strumpf hin und binde mit einem Gummi oder Faden eine Knubbelnase im Gesicht des Graskopfes ab, indem du einen Zipfel nach vorne ziehst.
- Nähe als Augen zwei Knöpfe auf.
- Nähe einen Mund auf.
- Tauche den Kopf vorsichtig in Wasser, damit er sich voll saugt.
- Fülle ein Glas (oder eine Konservendose) zu ca. einem Viertel mit Wasser. Stelle den Wattekopf fest hinein, so dass die Watte bis unten reicht. So bleibt die Watte immer feucht und der Grasschopf kann wachsen.
- Fülle regelmäßig etwas Wasser auf. Du kannst den Kopf auch hin und wieder mit Wasser aus einer Sprühflasche benetzen.

Schon bald wirst du die Grashaare Tag für Tag sprießen sehen. Wenn du Lust hast, kannst du sogar Frisör spielen!

Ist das Gras ausgewachsen, lässt du den Kopf einfach trocknen und er ist «ewig» haltbar.

Pflanzenpapier

Aus vielen faserigen Pflanzen kannst du dir dein eigenes, wunderschönes Papier herstellen! Zum Beispiel aus Brennnesseln, Bambusblättern, Lavendel, Goldrute, Mais ...

Pflanzenpapier ist zum Beschreiben fast zu schade. Wie wäre es, wenn du es stattdessen für Karten oder Klappkarten verwendest oder mit aufgeklebten Pflanzen verzierst?
Das rötliche Lavendelpapier ist mit Geranientinte gefärbt (siehe Seite 42).

Das brauchst du

- 2 Holzrahmen
- 1 Fliegengitter
- Tacker
- Pflanzen
- Messer
- Kochtopf
- Soda
- Pürierstab
- Eimer
- Küchentücher aus Vlies
- großes Holzbrett
- Gummihandschuhe
- Sieb

Zuerst musst du dir zum Schöpfen zwei Rähmchen aus Leisten herstellen. Die Länge der acht Leisten beträgt 17 cm. Die Leisten werden zusammengetackert. Auf ein Rähmchen wird außerdem ein Stück Fliegengitter mit der Größe 20 × 20 cm getackert.

Darauf solltest du achten

Trage beim Arbeiten Gummihandschuhe und hantiere vorsichtig mit Soda, denn der Staub reizt die Augen und Atemwege.

So gehst du vor

- Schneide zuerst die Pflanzen mit einem Messer klein. Stelle dann ein 2:1-Mischverhältnis aus Soda und den Pflanzenteilen her (ein Teil Soda, zwei Teile Pflanzen). Lasse das Ganze in viel Wasser etwa vier Stunden kochen.
- Püriere die Masse mit dem Pürierstab fein.
- Schütte den Faserbrei in das Sieb über einem Eimer und spüle die Masse im Sieb unter fließendem Wasser gründlich durch

- Schütte den Faserbrei in den leeren Eimer und gib viel kaltes Wasser dazu.
- Nimm beide Holzrahmen, drücke sie fest aneinander und tauche sie in den Brei.
- Schöpfe dabei die Pflanzenfasern gleichmäßig ab. Je flüssiger der Inhalt ist, umso dünner wird das Papier.
- Lege vorsichtig ein Vlieskünchentuch auf den Schöpfrahmen.
- Kippe den Rahmen behutsam auf ein bereitgelegtes, angefeuchtetes Vliestuch. Das muss man üben!
- Die geschöpften Seiten werden auf den Vliestüchern gestapelt.
- Am Ende ein Holzbrett auf den Stapel legen und das Ganze ordentlich pressen.
- Zum Schluss breitest du die Vliestücher einzeln mit dem Papier aus und lässt es trocknen.

TIPP

DEKORATION

ESSEN & TRINKEN

KÖRPERPFLEGE

KUNST

BESONDERES

Geschenke aus getrockneten Pflanzen

FRÜHLING UND SOMMER

Kräuter trocknen

Den ganzen Sommer über kannst du auf Wiesen und in Gärten viele Kräuter finden. Oder du ziehst sie selbst in Töpfen und Blumenkästen auf dem Balkon. Aber egal, wo du sie sammelst, gehe vorher immer sicher, dass die Pflanzen nicht gespritzt sind.

Zum Sammeln sind offene Behälter oder Stofftaschen am besten geeignet. Auf Plastiktüten, in denen alles rasch welkt und schimmelt, solltest du ganz verzichten.

Um den Fortbestand der Pflanzen zu sichern, reiße bitte keinesfalls das komplette Gewächs und den gesamten Bestand aus. Schneide stattdessen nur einen kleinen Teil mit einer Schere ab.

Trockne die Kräuter draußen an einem schattigen Ort, denn in der prallen Sonne bleichen alle Pflanzen schnell aus und verlieren ihren Duft. Auch im Haus kannst du sie gut in dünnen Schichten auf Küchenpapier trocknen. Hin und wieder die Pflanzenteile wenden, damit sie nicht schimmeln.

Sobald die Blätter rascheln und zwischen den Fingern zerbröseln, sind sie fertig. Danach solltest du sie möglichst dunkel und trocken lagern.

Kräutersäckchen

Die Natur beschenkt uns mit zahlreichen Kräutern, deren Duft und Inhaltsstoffe viele wohltuende Wirkungen haben. Da wären zum Beispiel:

- Holunderblüten
- Thymianzweige
- Lavendelblüten und -blätter
- Rosmarinnadeln
- Pfefferminzblätter
- Blätter der Zitronenmelisse
- Blätter und Blüten vom Gundermann
- Blüten von Königskerzen
- Malvenblüten
- Blüten von Ringelblumen
- Blüten von Kornblumen
- Blüten von Rotklee
- Geranienblüten
- Blüten vom Rittersporn (nimmt man nur in offenen Mischungen wegen den schönen haltbaren Blautönen)

Rezept für ein Kräuterbad

Für ein wohliges Bad kannst du alle aufgeführten Kräuter verwenden. Es gibt verschiedene Möglichkeiten, sie in der Badewanne zu benutzen.

- Du kannst die Kräuter direkt ins Badewasser geben, musst sie aber unbedingt am Ende mit einem Sieb herausfischen.
- Du kannst die Kräuter in einem Stoffsäckchen oder in einem zusammengebundenen Stofftaschentuch ins Badewasser geben.
- Du kannst die Kräuter vorher mit etwas Wasser zehn Minuten lang kochen und diesen Sud durch ein Sieb ins Badewasser gießen.

Kräutersäckchen

Du kannst dir auch aus den unterschiedlichsten Stoffresten kleine Säckchen für die Kräuter nähen oder sie ganz einfach zu kleinen Bündeln verschnüren.

Für die abgebildeten Kräutersäckchen wurde Organza verwendet. Dieser Stoff ist transparent und daher sind die verschiedenen Kräuter und Farben gut zu erkennen.

Blütentee

Ein aromatischer Tee aus selbst gesammelten Kräutern und Blüten tut Leib und Seele wohl!

Die Natur verwöhnt uns mit einer großen Palette von Kräutern. Ob du sie im Wald, am Ufer eines Baches oder am Wegesrand sammelst, du solltest dich immer weit weg vom Schmutz einer Straße entfernen! Wildwachsende Kräuter nehmen wertvolle Mineralien und Stoffe aus der Erde auf und schenken uns Gesundheit. Aber auch im Garten kann man Teeblüten und Kräuter anbauen und ernten.

Das sind geeignete Kräuter und Blüten:

- Zitronenmelisse
- Malvenblüten
- Kornblumen
- Ringelblumen
- Rosenblütenblätter
- Gänseblümchen
- Sonnenblumen-Blütenblätter
- Rotkleeblüten
- Klatschmohn-Blütenblätter
- Lavendelblüten

Die Blättchen der Zitronenmelisse sind sehr aromatisch und sollten deswegen in deiner Teemischung immer etwa die Hälfte ausmachen.

So gehst du vor

- Gib einen Esslöffel getrocknete Kräuter zerkleinert in eine Tasse.
- Übergieße die Mischung mit kochendem Wasser.
- Lasse den Tee fünf bis zehn Minuten zugedeckt ziehen.

Blütenstreu

Viele Blüten aus Natur und Garten sind essbar und du kannst sie, frisch oder getrocknet, für zahlreiche Gerichte verwenden.

Folgende Blüten sind essbar:

- Löwenzahn
- Rotklee
- Kapuzinerkresse
- Ringelblumen
- Dahlien
- Gänseblümchen
- Gundermann
- Veilchen
- Borretsch
- Wegwarte
- Obstblüten
- Lavendel
- Thymian

So gehst du vor

- Spüle die Blütenblätter eventuell kurz unter kaltem Wasser ab und trockne sie schonend (siehe Seite 58).
- Die getrockneten Blüten werden nur grob zerhackt, damit die Farben noch gut erkennbar bleiben.
- Vermische das Ganze nach Belieben mit etwas Salz, eventuell Knoblauchpulver und Pfeffer. Fertig und guten Appetit!

Eine Scheibe Landbrot mit Butter bestrichen und dick mit bunten Blütenblättern bestreut erfreut nicht nur die Augen, sondern spendet auch reichlich wertvolle Mineralstoffe.

ACHTUNG!
Keine gekauften Blumen essen. Sie können gespritzt sein. Auch Blumen aus dem Garten, von Terrasse und Balkon solltest du nur ernten, wenn keine Giftspritzen verwendet wurden.

Blütenseife

Mit einer schönen Blüte in einer transparenten Seife zauberst du den Sommer ins Bad!

In den meisten Bastelgeschäften erhält man Seifenrohmassen auf Glycerinbasis mit ökologischen Inhaltsstoffen, die hautverträglich und dermatologisch getestet sind.

So kannst du mit wenig Aufwand faszinierende Seifenstücke mit kleinen Pflanzenteilen selbst gießen. Keine Seife gleicht der anderen.

Das brauchst du

- transparente Seifenrohmasse auf Glycerinbasis
- Gießformen (Es gibt fertige zu kaufen, aber Sahne- oder Joghurtbecher gehen genauso gut!)
- 1 getrocknete Blüte
- evtl. Duftöl nach Belieben

So gehst du vor

- Schmelze eine sehr kleine Portion Seifenrohmasse nach Herstelleranleitung.
- Gib etwas flüssige Seife in die Gießform und warte kurz, bis die Masse zähflüssig wird.
- Nimm eine passende Blüte (oder auch Samen oder andere Pflanzenteile) und drücke sie in die zähe Masse. Dann warte ein wenig, bis die Seifenmasse hart ist.
- Schmelze nun eine neue Portion der Seifenrohmasse.
- Gieße die flüssige Seife auf die Blüte, bis sie vollständig bedeckt ist.
- Füge nach Belieben eventuell ein paar Tropfen Duftöl hinzu.
- Warte, bis die Seifenmasse erhärtet und hole sie dann vorsichtig aus der Form.
- Die fertige Seife solltest du in Frischhaltefolie verpacken. So bleibt sie länger frisch und duftig.

Kräuterseife

Aus allen einfachen Pflanzen- oder Olivenseifen kannst du originelle, duftende Kräuterseifen zaubern! Oder du sammelst alte Seifenreste und verwendest diese für deine Kräuterseifen.

Das brauchst du

- Reste von gebrauchten Pflanzen- oder Olivenölseifen oder neue Seife
- Küchenreibe
- frische oder getrocknete Kräuter und Blütenblätter
- etwas warmes Wasser oder warmen Kräutertee

So gehst du vor

- Reibe die Seife mit der Küchenreibe in sehr feine Flocken.
- Streue ein paar Kräuter (siehe S. 60) in die Flocken.
- Gib einen Teelöffel warmes Wasser oder warmen Kräutertee hinzu und verknete die Zutaten zu einer geschmeidigen Masse. Ist die Masse zu fest, nimm etwas mehr warmes Wasser. Ist sie zu weich, füge mehr Kräuter hinzu.
- Forme die Masse zu einer kleinen Kugel. Wenn du die Kugel um eine zusammengeknotete Paketschnur formst, kannst du die Seife später im Bad aufhängen.
- Du kannst die Masse auch mit einem Nudelholz platt walzen und mit Plätzchenstechern verschiedene Formen ausstechen.
- Lasse die Seife trocknen.

Badesalz

Für ein duftendes Badesalz benötigst du nur wenige Zutaten. Meersalz im Badewasser ist für den Menschen sehr wertvoll, denn es bewirkt, dass dem Körper weniger Salz durch die Haut entzogen wird. Bei beiden Rezepten auf diesen Seiten wurde das Salz mit reinen, selbst hergestellten Naturfarben eingefärbt und mit selbst gesammelten Blüten angereichert.

Geraniensalz

Das brauchst du

- 100 g Salzgranulat (zum Beispiel Meersalz)
- 1 bis 2 Esslöffel rote Geranientinte (siehe Seite 42)
- evtl. 5 Tropfen Rosenöl
- 1 bis 2 Esslöffel getrocknete, rote Geranienblüten (siehe Seite 58)

So gehst du vor

- Vermische das Salz mit der Geranienfarbe und lasse das Ganze trocknen. Öfters wenden!
- Dann vermengst du das getrocknete Salz mit den übrigen Zutaten.
- Nun noch schön verpacken – fertig!

Ringelblumensalz

Das brauchst du

- 100 g Salzgranulat (zum Beispiel Meersalz)
- 1 bis 2 Esslöffel gelbe Tagetesfarbe (siehe Seite 73)
- evtl. 5 Tropfen Zitronenöl
- 1 bis 2 Esslöffel getrocknete Ringelblumenblüten (siehe Seite 58)

So gehst du vor

Dieses Badesalz wird genauso hergestellt wie das gegenüberliegend beschriebene Geraniensalz.

Tagetesgirlanden

Ob gelb oder orange, Tagetesblüten, auch als Studentenblumen bekannt, bringen die Welt zum Leuchten. Im tropischen Südostasien fädelt man Tagetesblüten zu langen, duftenden Girlanden auf, um damit die Feste zu schmücken. Vielleicht reicht dir schon eine kurze Girlande, um sie einem Geburtstagskind umzuhängen!
Man kann die Blüten auch gut auf dem Faden trocknen lassen, denn sie behalten für lange Zeit ihren schönen Gelbton.

Das brauchst du
- Tagetesblüten
- Zwirn
- Nähnadel

Für eine Schmuckgirlande von 1 m Länge benötigst du etwa 30 bis 40 Tagetesblüten.

Gelbe Tagetesfarbe

Egal, welche Sorte, eine Tasse voller Tagetesblütenblätter reicht aus, um eine intensive gelbe Farbe zu kreieren. Damit kannst du auf Papier malen oder Seife (siehe Seite 66) und Badesalz (siehe Seite 70) färben.

Das brauchst du

- 1 Tasse Tagetesblütenblätter
- 1 Tasse Wasser
- kleinen Kochtopf
- eventuell Alaun
- Teesieb
- 1 leeres Glas

So gehst du vor

- Lasse die Tagetesblüten mit dem Wasser bei niedriger Temperatur etwa 15 Minuten kochen. Rühre dabei um.
- Füge beim Kochen eventuell einen Teelöffel Alaun hinzu, welches du vorher in etwas heißem Wasser auflöst. So wird die Farbe noch brillanter.
- Gieße die Masse durch ein Teesieb in ein leeres Glas. Diese Farbe kannst du verschlossen im Kühlschrank mehrere Wochen lang aufbewahren.

Sträuße trocknen

Der Sommer mit seiner bunten Blumenpracht vergeht immer wieder rasch und ehe man sich's versieht, beginnt die graue Zeit. Dann erfreut es das Herz, wenn im Haus ein bunter Trockenstrauß steht, der ein wenig von dem herrlichen Blütenzauber im Sommer erzählt.

Wenn du die Farben möglichst gut erhalten willst, musst du dein Sträußchen an einer schattigen Stelle trocknen. Das kann draußen sein oder auch im Haus.

Binde deine Blumen fest mit Schnur oder Bast zusammen und hänge sie so auf, dass die Köpfe nach unten hängen. So behalten die Pflanzen ihre Form.

Blumenballett

Häufig werden Blumen weggeworfen und landen im Kompost, noch ehe sie vollständig abgeblüht sind. Doch auch verwelkende und verwelkte Pflanzen haben ihren eigenen Reiz.

Lasse zum Beispiel eine welkende Blume einen flotten Tanz aufführen, bevor sie endgültig verblüht!

Um Beine oder Arme in die gewünschte Position zu bringen, brauchst du nur etwas dünnen Draht oder Bast. Wenn du eine Heißklebepistole hast, kannst du noch anderes Pflanzenmaterial ankleben.

Mit Gräsern, Stängeln, Blättern und verschiedenen verblühten Pflanzenteilen verleihst du deinen Blumentänzern einen eigenen Ausdruck.

Damit die Tänzer nicht umfallen, bohre ein Holzklötzchen an. Einige Tänzer auf den Abbildungen wurden in ein weiches Stückchen Lehm oder Ton gesteckt, welches man trocknen lässt.

Besonders gut geeignet sind verblühte Rudbeckien, die in vielen Gärten vorkommen. Man nennt sie auch Sonnenhüte, und gerade diese schwarzen Hutformen geben den Tänzern ihre individuelle Note. Halte die Augen offen, du entdeckst bestimmt auch noch andere Blumen für dein Ballett, zum Beispiel Sonnenblumen, Dahlien, Rosen, Astern, Margariten ...

Pflanzen pressen

Blätter und Blüten lassen sich gut in alten Telefonbüchern, Katalogen, Zeitungen und Illustrierten trocknen. Dickere Pflanzenteile solltest du alle ein bis zwei Tage an eine andere trockene Papierstelle legen, damit sie nicht festkleben oder anfangen zu schimmeln.

Mit getrockneten Blumen und Blättern hast du viele Möglichkeiten zur Gestaltung:

- Collagen und Bilder
- Grußkarten
- Spielkarten (zum Beispiel Pflanzenmemory)
- Lesezeichen
- Umschläge für Bücher, Hefte, Ordner ...

Dies sind geeignete Kleber:

- *Tapetenkleister.* Trocknet transparent, also unsichtbar, auf. Allerdings ist die Klebkraft ziemlich gering, die Pflanzen können sich nach dem Trocknen eventuell wieder leicht ablösen. Den Kleister solltest du auf jeden Fall zähflüssig anrühren!
- *Holzleim.* Trocknet transparent auf. Er besitzt eine gute Klebkraft auf den meisten Untergründen. Eventuell musst du ihn mit etwas Wasser verdünnen.
- *Doppelseitiges Klebeband.* Eignet sich nur dann, wenn die Pflanzen zusätzlich durch Folie oder Lack geschützt werden!

Bilder und Karten

Für eine schöne Geschenkkarte kannst du deine gepresste Pflanze einfach mit Leim oder Kleber auf eine weiße Karte oder Klappkarte aufkleben. Die Pflanze wirkt für sich, denn alles was die Natur hervorbringt, ist ein perfektes Kunstwerk.

Die gepressten Pflanzen lassen sich auf dem Papier ebenfalls paarweise oder in Gruppen anordnen.

Du kannst das Papier aber auch vorher mit hellen Wasser- oder Aquarellfarben einfärben.

Wenn du etwas mehr Pflanzenmaterial zur Verfügung hast, kannst du schöne Mandalas erfinden. Beginne mit dem Legen und Festkleben der Pflanzenteile immer im Zentrum deines Bildes.

Auf selbst geschöpftem Papier wirken die aufgeklebten Pflanzen besonders kostbar.

Pflanzenrahmen

Wenn du im Keller einen alten Rahmen findest, kannst du ihn mit ein paar getrockneten Pflanzen kreativ verändern. Vor allem breite Holzrahmen sind dafür gut geeignet.

Das brauchst du

- 1 alten Bilderrahmen
- gepresste Pflanzen
- Holzleim
- eventuell Klarlack
- Borstenpinsel

Vielleicht möchtest du bei deinem Rahmen zuerst die Farbe des Untergrundes verändern? Das geht am besten mit Acrylfarben, weil diese auf den meisten Untergründen gut haften.

Wie viele Pflanzen du aufleimst, ob du sie nebeneinander oder auch übereinander anordnest, – das alles kannst du selbst bestimmen, je nachdem, was dir am besten gefällt!

Windlichter

Diese Windlichter sind mit Samen, Blättern und Blüten beklebt und erfüllen den Raum mit einem warmen, natürlichen Licht. Durch das brennende Teelicht erscheinen die einzelnen Formen sehr zart und zerbrechlich und erinnern an späte Sommertage.

Das brauchst du
- kleine leere Gläser (zum Beispiel Marmeladengläser)
- getrocknete Pflanzenteile wie Samen, Blätter, Blüten …
- Holzleim oder Tapetenkleister
- Borstenpinsel
- dünnes weißes Papier (zum Beispiel Seidenpapier, Servietten, Teebeutelpapier)

So gehst du vor
- Reiße das Papier in kleine Stücke.
- Leime das Papier auf den Behälter.
- Leime darauf die Pflanzen fest.
- Lasse das Ganze trocknen. Fertig!

Geschenkpapier

Bevor du zum Bedrucken ein Papier kaufst, solltest du nach alten, unbedruckten Papieren schauen, die manchmal in der Mülltonne landen.

Das brauchst du
- Blätter und/oder Blüten
- unbedrucktes Papier
- Sprühfarbe (Du kannst sie fertig als umweltverträgliches Farbspray kaufen. Aber besser ist es, wenn du dir einen leeren Spraybehälter besorgst, zum Beispiel eine leere Sprühflasche von einem Haushaltsreiniger. Die kannst du selbst mit einer Farbflüssigkeit deiner Wahl füllen. Dazu mischst du einfach Wasserfarben oder wasserlösliche Tinten mit Wasser.)

So gehst du vor
- Verteile die Pflanzen auf dem Papierbogen.
- Damit sie beim Sprühen nicht verrutschen, solltest du sie etwas fixieren.
- Entweder beschwerst du sie dazu mit kleinen Steinchen oder befestigst sie mit ablösbaren Klebstoffen.
- Besprühe das Papier mit Farbe. Du kannst auch verschiedene Farbtöne verwenden.
- Lasse alles trocknen und ziehe die Pflanzen vom Papier ab.

Tipp: Das Papier kannst du auch mit selbst gemachten Pflanzensäften bemalen oder besprühen, zum Beispiel mit Holunderviolett (siehe Seite 144), Tagetesgelb (siehe Seite 72) oder Geranienrot (siehe Seite 42)

Pflanzenschalen

Selbstgemachte Schalen aus Papier und getrockneten Pflanzen sind ein besonders anspruchsvolles, originelles Geschenk. Es braucht dafür allerdings etwas längere Vorbereitung. Achtung: Suppe oder den Lieblingspudding solltest du aus ihnen nicht löffeln! Aber alles, was trocken oder getrocknet ist, kannst du in einer solchen Schale aufbewahren.

Das brauchst du

- Seidenpapier oder anderes dünnes Papier (zum Beispiel Maulbeerpapier oder Reispapier)
- gepresste Blüten und Blätter
- Tapetenkleister
- Borstenpinsel
- Frischhaltefolie
- eventuell Klarlack
- Schalen in verschiedenen Größen als Form

So gehst du vor

- Rühre etwa einen Liter dickflüssigen Tapetenkleister an. Verwende dafür etwas weniger als auf der Verpackung angegeben. Die Menge richtet sich nach den Größen deiner Schalen.
- Lege eine Schale über den Rand hinaus mit Frischhaltefolie aus.
- Reiße das Papier in grobe Stücke.
- Lege die Schale mit den Papierstücken aus, so dass sie sich überlappen. Streiche sie dick mit Kleister ein.
- Fahre so fort, bis das Papier mindestens fünf bis zehn Schichten hat. Je mehr Schichten du legst, umso dicker und damit stabiler wird die Pflanzenschale.
- Kleistere die oberste Papierschicht dick ein und lege deine getrockneten Pflanzen obenauf.

- Lege ein Stück Frischhaltefolie darauf und presse nun mit den Handballen die Pflanzen gründlich in das Papier.
- Ziehe die obere Folie ab und lasse alles durchtrocknen. Die Trocknungszeit beträgt immer mehrere Tage und richtet sich nach der Stärke des Papiers. Lasse das Papier mit der Folie möglichst lange in der Form, auf diese Weise trocknet die Pflanzenschale gleichmäßig.

Der Wiesen-Bärenklau wird auch gemeiner Bärenklau genannt. Man findet ihn häufig auf fetten Wiesen, an Ufern und Gräben. Du erkennst ihn an den lappig gestielten, behaarten Blättern, die Bärentatzen ähnlich sind. Er hat kantig gefurchte Stängel und weiße Blütendolden.

Wiesen-Bärenklau gehört zu den Heilpflanzen und alle Teile kann man sogar als Rohkost essen.

Aufgrund seiner Größe (bis 1,50 m) lässt sich der Wiesen-Bärenklau leicht von seinem großen Bruder, dem Riesen-Bärenklau, unterscheiden, der mehr als doppelt so hoch wird. Achtung: Der Riesen-Bärenklau kann gefährliche Hautausschläge hervorrufen!

VORSICHT! Bei manchen Menschen kann das Berühren der Stiele und Blätter von Wiesen-Bärenklau zu Hautreizungen führen. Deshalb solltest du vorsichtshalber beim Anfassen dieser Pflanzen immer Handschuhe tragen! Oder noch besser erntest du den Wiesen-Bärenklau im Herbst, nachdem die Pflanzen an ihrem Standort getrocknet sind.

Wiesen-Bärenklau

Die hohlen Stängel kannst du in Stücke schneiden und sie beispielsweise für Ketten (siehe Seite 148) verwenden.

Oder wie wäre es mit dieser Idee: Bemale die trockene Pflanze mit Acrylfarben und gestalte so bunte Fantasiesträuße.

Mit etwas flexiblem Draht lassen sich auch interessante Objekte (siehe Seite 93) oder Schmuckketten (siehe Seite 150) daraus machen.

Japanischer Staudenknöterich

Er wuchert an vielen Stellen wild und wird drei bis vier Meter hoch. Einst wurde er aus Ostasien eingeführt, aber leider richtet er in unserer heimischen Natur große Schäden an, da er viele einheimische Pflanzen verdrängt. Darum kannst du ihn ausnahmsweise ohne schlechtes Gewissen großzügig in der Natur ernten.

Wenn man ein Dickicht vom Japanischen Staudenknöterich (Fallopia japonica) betritt, fühlt man sich wie im tropischen Dschungel.

Die langen, hohlen Stängel sind nach dem Trocknen sehr stabil und eignen sich für viele Bastelarbeiten. Aus den zugeschnittenen Rohrstücken lässt sich leicht eine schöne Tischdekoration zaubern.

Dekorationsvorschläge

- Stelle viele Stängelabschnitte in eine Gemüseschale aus Plastik und stecke wilde Kräuter und Pflanzen hinein.
- Fülle leere Konservendosen mit den Rohrstücken und benutze sie als Vase.
- Binde mehrere Rohre mit Bast zusammen und stelle sie als Blumengefäß auf den Tisch.

Objekt zum Hängen

Nach dem Trocknen werden die Rohre rostbraun. Probiere doch mal Folgendes aus: Fädele kurze Rohrabschnitte auf stabile Eisendrähte und biege sie zu lustigen, interessanten Objekten. Hänge in die Mitte dieses Kunstwerks einen an einer Schnur befestigten, angemalten Lochstein.

Knöterichblätter

Die großen herzförmigen Blätter des Japanischen Staudenknöterichs lassen sich gut pressen und trocknen (siehe Seite 58). Sie behalten auch nach dem Trocknen ihre Form und eine gewisse Festigkeit. Darum kann man sie hervorragend mit farbigen Markern beschreiben und bemalen.

Auf dem rosaroten Bild kleben zwei Knöterichblätter. Die weißen Punkte stammen von einem weißen Marker. Die blauen Punkte wurden direkt aus der Tube mit Acrylfarbe auf das Blatt und die Leinwand gedrückt.

Wie man eine Leinwand bemalt, erfährst du auf Seite 164.

Hängedekoration

Buntes Mobile
Wenn ein paar Blätter, Früchte und Samenkapseln an langen Fäden an einem verzweigten Ast am Fenster schweben, kann man schon ins Träumen geraten …

Das brauchst du
- 1 Ast
- Schnur, dünnen Draht oder Bast
- Naturmaterialien nach Belieben

So gehst du vor
- Hänge zuerst den Ast frei beweglich an seinem Schwerpunkt auf.
- Knote die Naturmaterialien an unterschiedlich langen Schnur- oder Baststücken an.
- Hänge die Teile nacheinander so am Ast auf, dass er sich am Ende im Gleichgewicht befindet. Am besten beginnst du in der Mitte und arbeitest dich von da aus nach außen.

Hängedeko mit Lederhülsen
Die Gleditschie oder den Lederhülsenbaum kennt kaum jemand mit ihrem Namen, dabei wächst sie in vielen Städten. Aber sie fällt uns nur im Herbst auf, weil dann ihre großen Lederhülsen mit den Samen zu Boden fallen. Sie sind rostbraun gefärbt und gebogen.
Du kannst viele fantasievolle Kunstwerke aus den stabilen Schoten kreieren.
Für die Hängedeko wurden die Schoten zuerst golden angesprüht (siehe Seite 212), damit sie glänzen und funkeln, wenn sie sich im Licht bewegen. Mit einer Nadel lassen sich an den Enden Löcher stechen, durch die du Fäden oder Draht schiebst. Nun ist sie schon bereit, um an einen Ast gehängt zu werden (für andere Objekte aus Lederhülsen siehe auch Seite 223).

Webrahmen mit Trockenpflanzen
Für solch einen schönen Webrahmen baust du zuerst aus vier stabilen Zweigen ein Rähmchen. Das machst du, indem du die Zweige an den Enden mit Draht verdrillst oder mit Schnur umwickelst und verknotest. Jetzt spannst du kreuz und quer Paketschnur oder Bast. In die Zwischenräume kannst du nun deine gesammelten Pflanzen einflechten.

Gipsreliefs

Mit etwas Gips aus dem Bastelladen kannst du schöne Reliefs gestalten. Nicht nur Blüten und Blätter, sondern auch viele andere Fundstücke aus der Natur sind hierfür geeignet.

Das brauchst du

- Gips
- Formen zum Ausgießen (gut geeignet sind rechteckige Tupperbehälter oder leere Plastikverpackungen)
- Esslöffel
- Gefäß zum Anrühren der Gipsmasse
- Pflanzen
- Wasserfarben
- Pinsel

So gehst du vor

- Rühre den Gips nach der Packungsanleitung an. Die Gießmasse muss eine breiartig dicke Konsistenz haben.
- Lege die Pflanze auf den Boden deines Gießbehälters.
- Bedecke die Pflanze nach und nach mit dem Gipsbrei. Beginne auf der Mitte der Pflanze, damit kein Gips darunter laufen kann.
- Wenn die Gipsmasse dick genug ist, klopfe leicht am Rand der Form. So verhinderst du, dass sich unschöne Luftblasen bilden. Lasse den Gips gut trocknen.
- Löse den Gips vorsichtig aus der Form.
- Gestalte die Pflanzenabdrucke mit Wasserfarben. Verdünne die Wasserfarben dazu mit möglichst viel Wasser und lasse sie in die Vertiefungen laufen. Sollte es einmal zuviel Farbe sein, wische sie einfach mit einem feuchten Tuch ab.

Pflanzen abformen

Wenn du draußen nicht selbst Ton sammeln kannst (siehe Beschreibung auf Seite 180), kaufst du dir einfach im Bastelladen ein Stück. Außer Ton sind dort auch verschiedene plastische, selbsttrocknende Massen erhältlich. Sie eignen sich ebenfalls für dieses Projekt.

Kleine Schälchen lassen sich am besten aus einer Kugel mit der Hand formen. In die fertige Form kannst du nun Samenkapseln oder anderes Pflanzenmaterial hinein drücken.

Am genauesten kannst du die Pflanzen abformen, wenn du zuvor mit einem Nudelholz den Ton zu einer glatten Fläche ausrollst und diese mit einem Messer zurecht schneidest. Das funktioniert beispielsweise wunderbar für kleine Kacheln oder Anhänger. Anschließend legst du die Pflanze auf den Ton (oder die plastische Masse) und deckst das Ganze mit Zeitungspapier ab. Jetzt rollst du vorsichtig mit dem Nudelholz darüber – und schon erhältst du einen Abdruck!

Fertige Tonteile kann man nach dem Trocknen auch im Brennofen brennen.

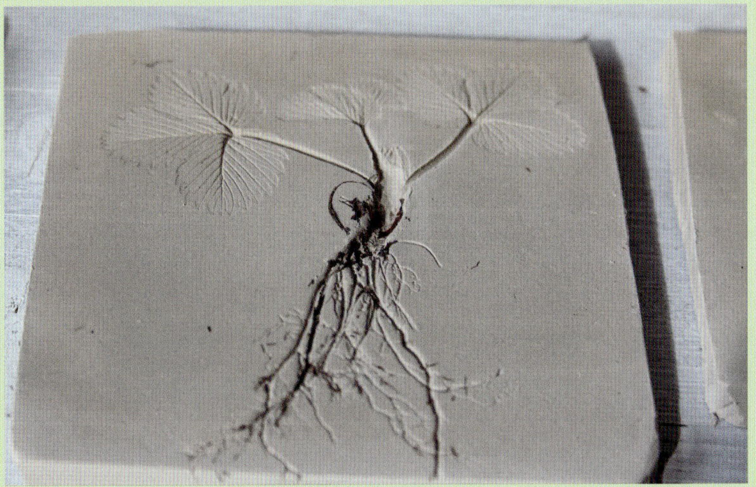

Geschenke aus Blättern

HERBST

DEKORATION

KUNST

Bunte Blätter

Jahr für Jahr verzaubert uns der Herbst mit seiner faszinierenden Farbenpracht. Jedes einzelne Laubblatt, das vom Baum rieselt, ist ein einzigartiges Kunstwerk und ein herrliches Geschenk, das man eigentlich nicht mehr zusätzlich gestalten muss.

Ein Bündel leuchtendes Herbstlaub in einem geflochtenen Nest aus dünnen Zweigen oder in einer Zweigvase (siehe Seite 19) schmückt den Tisch viele Wochen lang.

Du kannst auch große Laubblätter, zum Beispiel vom Ahorn, in der Mitte längs der Hauptrippe falten. Dann rollst du das gefaltete Blatt und umwickelst es unten mit einem dünnen Draht. Aus diesen kleinen Laubrollen lassen sich fantasievolle Blättersträuße gestalten.

Blätterkreatur

Wächst ein Ahorn in deiner Nähe? Dann freu dich und sammle im Herbst die leuchtend bunten Blätter für solch eine bunte Kreatur.

Aber auch andere Laubbäume überraschen uns im Herbst mit einer großen Vielfalt an Farbtönen.

Zeichne auf eine dicke Tapete die Umrisse eines Familienmitglieds oder eines Freundes und schneide die Figur aus. Nun kannst du die Kreatur mit buntem Laub dekorieren. Am besten halten die Blätter mit Heißkleber.

Blättergeschenke

Im Herbst kannst du dir teures Geschenkpapier sparen!

Mit bunten Blättern, Samenständen und Trockenblumen lassen sich selbstgemachte Geschenkpäckchen ganz einfach originell und prächtig verzieren.

Du brauchst nur etwas Draht, Schnur oder Bast und die fantasievolle Verpackungskunst kann losgehen!

Wie du dein eigenes Geschenkpapier gestaltest, erfährst du auf Seite 86.

Laubschnitt

Mit einer feinen Schere oder einem Skalpellmesser kann man wie bei der Scherenschnitttechnik Herbstblätter kunstvoll zurecht schneiden.

Achtung: Beim Schneiden darf das Laub nicht zu trocken sein, denn dann zerbröseln die Blätter leicht und exakte Schnitte sind kaum möglich.

Es macht Spaß, Formen, Muster oder Ornamente zu erfinden und die fertigen Werke für Bilder oder als Fensterschmuck zu verwenden.

Blätterabdruck

Wie viele unterschiedliche Blätterformen bringt die Natur hervor! Mit etwas Farbe kannst du die Formen und Strukturen der Blätter für deine Geschenkkarten und Bilder abdrucken.

Das brauchst du
- Blätter, möglichst mit markanten Rippen
- Farbe (Geeignet sind alle dickflüssigen Farben wie: Abtön-, Finger-, Tempera-, Acryl-, Öl- und Druckfarben.)
- Borstenpinsel
- Papier
- Zeitungspapier

So gehst du vor
- Streiche die Rückseite eines Laubblattes mit Farbe ein.
- Lege das Blatt auf einen Papierbogen und decke es mit Zeitungspapier ab.
- Drucke es sorgfältig mit dem Handballen oder einer Gummiwalze ab.
- Ziehe das Blatt vorsichtig vom Papier ab.

Tipp: Wenn du diesen Vorgang einige Male mit verschiedenen Blättern wiederholst, kannst du auch fantasievolle Pflanzenkompositionen herstellen. Probiere das Drucken auf verschiedenen Papiersorten aus.

Blättermonotypie

Hinter diesem schwierigen Wort verbirgt sich ein einfaches Verfahren: Monotypie bedeutet, dass das Bildmotiv mit den Blättern ein einziges Mal abgedruckt wird.

Das brauchst du

- Blätter
- Glasplatte oder eine andere glatte Unterlage
- dickflüssige Farbe (siehe vorhergehende Seite)
- Gummiwalze
- Papier

So gehst du vor

- Walze auf einer Glasplatte etwas Farbe aus, bis sie ganz bedeckt ist.
- Lege Blätter oder Blüten auf die Farbfläche.
- Lege einen passenden Bogen Papier darüber.
- Decke das Ganze mit einer Zeitung ab.
- Fahre mit der Gummiwalze fest über die Fläche.
- Ziehe das bedruckte Blatt vorsichtig ab.

Tipp: Wenn du zum Abdrucken transparentes Papier verwendest, kannst du später mehrere fertige Abdrucke übereinander legen. Das ergibt spannende Tiefenwirkungen.

Blätterfrottage

Frottage ist der Fachbegriff für eine sehr alte Drucktechnik und bedeutet «Abreibung».

Zum Abreiben oder Frottieren eignen sich vor allem Blätter mit einer markanten Oberfläche und mit dicken Blattrippen.

Lege das, nicht zu dicke (!), Papier auf das Laubblatt und reibe es mit einem weichen Bleistift oder Grafitstift, den du etwas schräg hältst, ab.

Dasselbe kannst du auch mit Baumrinden, Steinen oder Baumscheiben ausprobieren.

Blätterobjekte

Wenn man eine Handvoll Herbstblätter gebündelt trocknen lässt, entstehen durch das Einrollen der Blattränder spannende Formen. Montiert man diese zerbrechlichen Objekte auf kleine Sockel, dann stellt sich hier die Frage: Wer ist der größere Künstler, die Natur oder ich?

Durch Goldspray (siehe Seite 212) wird der knitterige Charakter der Blätter stärker betont.

Das interessante Objekt mit den grünen Blättern ist durch Falten entstanden.

So gehst du vor

- Falte große Blätter und spieße sie auf ein Schaschlikstäbchen auf.
- Säge einen kurzen Ast in der Mitte durch und bohre in beide Enden mit einem dünnen Handbohrer ein Loch.
- Schiebe die Enden der Schaschlikspieße in die gebohrten Öffnungen und klebe sie fest.

Auch nach dem Trocknen der Blätter bleibt die Form erhalten.

Geschenke aus Samen und Früchten

HERBST

DEKORATION

KUNST

BESONDERES

Samen sammeln

Wenn im Herbst die Samen in Kapseln, Schoten und anderen kunstvollen Gebilden heranreifen, wirst du eine unendliche Vielfalt an faszinierenden Formen und Farben entdecken. Sie gleichen kleinen Kugeln, länglichen Walzen, flachen Scheiben, Nieren oder Halbmonden.

Sammle die Samen zum Beispiel übersichtlich in beschrifteten Streichholzschachteln. Darin kannst du sie auch aufbewahren oder verschenken.

Samenkreationen

Du kannst viele Gegenstände mit Samen und Samenkapseln bekleben: Bilder, Kästchen aus Pappe oder aus Spanholz, schöne Windlichter und vieles mehr.

Die drei Windlichter sind mit aufgeklebten Samen vom Judassilberling und von Malven verziert. Der Judassilberling hat seinen Namen wegen seiner silbern schimmernden Innenseiten der reifen Samenhüllen bekommen.

Damit das Licht durch die Silberschoten hindurch scheint, kannst du auch kleine Objekte für das Fenster gestalten. Bei dem hier abgebildeten Objekt wurde zuerst ein kleines Rähmchen aus Zweigen mit Heißkleber zusammengeklebt. Dann wurde ein farbiges Obstnetz auf den Rahmen geklebt und am Schluss die Silberlinge.

Eine weitere tolle Idee: Lasse Samenkörner von verschiedenen Pflanzen dekorativ keimen. Dazu legst du eine flache Schale mit Vlies, Papier oder Watte aus. Ordne dann die Samen zu einfachen Mustern oder Mandalas an. Damit sie gut keimen, musst du sie feucht halten. Das geht am besten mit einem Wasserzerstäuber. Geeignet sind Samen von Kresse, Radieschen, Alfalfa, Sojabohnen etc.

Erbsenskulpturen

Werden getrocknete Erbsen über Nacht in Wasser eingeweicht, kann man sie vorsichtig mit Zahnstochern anstechen. Anschließend lässt du die fertigen Gebilde trocknen und erhältst leichte, aber relativ stabile Konstruktionen. Die Zahnstocher kannst du nach Belieben auch bunt anmalen.

Wenn du Lust hast, kannst du aus vielen Erbsen und Zahnstochern zum Beispiel eine größere Skulptur basteln. Das ist zwar eine Arbeit, die eine Menge Geduld erfordert, aber die kleinen Kunstwerke können sich wirklich sehen lassen.

Stattdessen kannst du dich auch Schritt für Schritt vorarbeiten: Baue einfach einzelne Würfel und stelle diese nach dem Trocknen zu interessanten Gebilden aufeinander.

Erdnussfiguren

Erdnüsse sind zwar nicht heimisch, aber es macht einfach großen Spaß, die kleinen gefurchten Kapseln mit etwas Farbe und wenig Zubehör zum Leben zu erwecken!

Erdnüsse lassen sich mit allen dickflüssigen Farben anmalen.

Nicht einmal eine Nase brauchst du zu formen, denn die ist schon da! Nun mit einem Filzstift einfach Augen und Mund aufmalen, rechts und links zwei kleine Drahtstückchen als Arme befestigen und unten zwei Drähte als Beine, – und schon können deine kleinen Skulpturen anfangen zu tanzen.

Ein alter Holzklotz dient als Sockel. Wenn du mit einem dünnen Handbohrer ein paar Löcher bohrst, kannst du die Beine hineinstecken und nach Lust und Laune verbiegen.

Bei der farbenfrohen Erdnussskulptur musst du die Erdnüsse zuerst anmalen, bevor du sie auf den Blumen- oder Eisendraht fädelst. Das Ganze kannst du am Schluss auf einen Holzsockel nageln.

Erdnüsslinge

Schon mal etwas von Erdnüsslingen gehört? Nein? Du kannst dir deine ganz eigene Welt mit lauter bunten, fröhlichen Erdnüsslingen zaubern … Manche können sogar fliegen!

Streiche dafür einfach ein paar Erdnüsse mit dickflüssiger Farbe an und male Augen und Mund mit Filzstiften auf. Jetzt kannst du aus trockenen Pflanzenteilen die verrücktesten Frisuren aufkleben.

Wenn du deinen Erdnüsslingen auf den Rücken eine kleine Feder aufklebst, können sie sogar in den Vasenzweigen herumflattern (siehe Seite 172).

Und wenn du sie an einen Ohrstecker hängst, fliegen die kleinen Schelme in den Haaren herum.

Kastanien und Co

Im Herbst werfen uns die Bäume viele herrliche Geschenke vor die Füße, wir brauchen sie nur aufzusammeln: Kastanien, Bucheckern, Walnüsse, Eicheln, Zapfen und viele andere Baumsamen.

Jedes Kind hat schon etwas daraus gebastelt, meistens urige Männchen, Tiere oder Kobolde. Aber man kann auch mit anderen Kunstwerken zeigen, wie schön Baumsamen sind.

Blaues Objekt
Hier wurden Kastanien, Eicheln und Feuerbohnen auf Eisendrähte gesteckt. Für die Drähte bohrst du Löcher in den Holzsockel. Wie das geht, wird auf Seite 161 gezeigt.

Kastanienherz
Die leuchtend blauen Punkte wurden mit Acrylfarbe aufgemalt. Die Kastanien kannst du mit Heißkleber auf eine Holzplatte aufkleben. Oder du reihst sie auf einen stabilen Eisendraht und formst ihn zu einem Herzen.

Blaues Bild mit Kastanien
Das rostige, warme Rotbraun von Kastanien wird besonders gut hervorgehoben, wenn du sie auf einen blauen Hintergrund klebst. Alle blauen Farbtöne bilden zu braunen Farben einen großen Kontrast.

Das brauchst du

- Kastanien
- kleine Leinwand (oder Holz bzw. Pappe)
- blaue dickflüssige Farbe (zum Beispiel Acryl- oder Abtönfarbe)
- Heißkleber oder anderen starken Klebstoff
- evtl. Goldblättchen zum Vergolden (siehe Seite 212)

Goldene Kastaniensonne
Bei diesem leuchtenden Werk hat zuerst der Hintergrund eine Bemalung in verschiedenen braunen Farbtönen erhalten. In die noch flüssige Farbe wurden verschiedene braune Erden gestreut. Dann wurden Kastanien, aber auch Eicheln und Feuerbohnen mit Heißkleber aufgeklebt. Wie man Kastanien vergoldet, erfährst du auf Seite 212.

Hagebutten

Wenn die Heckenrosen im Herbst verblüht sind, leuchten bald die roten Hagebutten auf. Auch die kleinen roten Früchte des Weißdorns oder die orangefarbenen Beeren des Sanddorns schmücken nun die Sträucher. Jetzt ist die Zeit, um daraus fantasievolle Gehänge fürs Haus zu kreieren.

Fädele die kleinen Früchte einfach auf Schnüre, Drähte oder Zwirn auf oder knote sie daran und hänge sie an geeigneten Orten auf. Im Fenster wirken sie beispielsweise besonders dekorativ.

Schokofrüchte

Ein besonders schönes und appetitliches Vergnügen für alle Naschkatzen oder für eine Geburtstagsparty!

Das brauchst du

- kleinen Topf
- größeren Topf mit etwas Wasser
- Schokolade
- Früchte nach Belieben
- Zahnstocher
- Backpapier

So gehst du vor

- Lasse die Schokolade in einem Wasserbad schmelzen. Dazu zerkleinerst du sie und gibst sie in den kleinen Topf. Dann erhitzt du das Wasser in dem größeren Topf und stellst den kleinen dort hinein.
- Sobald die Schokolade geschmolzen ist, spießt du die Früchte auf Zahnstocher und tauchst sie vorsichtig in die flüssige Masse.
- Lasse die Früchte auf einem Backpapier trocknen. Jetzt kann die Nascherei losgehen!

Tipp: Besonders lecker und raffiniert schmecken auch in Schokolade getauchte Pfefferminzblätter.

Kartöffels

Wenn du denkst, dass ein Kartöffel eine leblose, langweilige Puppe ist, dann hast du dich mächtig geirrt! Ein Kartöffel verändert sich täglich, genauso wie du. War er zu Beginn seines Lebens noch glatt und schön, kannst du beobachten, dass er von Woche zu Woche mehr welkt und schrumpelt … ein spannender Prozess. An den Kartöffels kannst du hautnah miterleben, wie vergänglich alles in der Natur ist.

Das brauchst du

- Kartoffeln (möglichst große!)
- Messer
- ausgeschnittene Augen aus Illustrierten
- Schere
- Socken (Alte sind am originellsten!)
- Schaschlikspieße
- Draht
- Streichholz

So gehst du vor

- Schneide in die Kartoffel eine Spalte als Mund.
- Schneide dann Augen aus einer Illustrierten und klebe sie mit ein wenig Abstand über dem Mund auf.
- Durchbohre die Kartoffel mit einem Schaschlikspieß.
- Befestige am Ende eines Drahtes ein Streichholz.

- Schiebe diesen Draht durch die durchbohrte Kartoffel, so dass das Streichholz fest am Kopf sitzt. Durch das Streichholz kann der Draht nicht aus der Kartoffel rutschen.
- Piekse den Draht durch den Rand eines Sockens.
- Schiebe den Draht mit dem Socken durch die Bohrung in der Kartoffel.
- Jetzt kannst du den fertigen Kartöffel aufhängen.

Kürbisvögel

Herbstzeit ist Kürbiszeit. Es gibt eine faszinierende Vielfalt an Formen und Farben. Bei den kleinen, birnenförmigen Zierkürbissen braucht es nicht viel Fantasie, um in ihnen bunte, exotische Vögel zu entdecken. Schon ein paar kleine Zutaten reichen aus, und schon hast du die Vögel zum Leben erweckt!

Das brauchst du

- birnenförmige Zierkürbisse mit Stielansatz
- Sonnenblumenkerne oder Weißdornbeeren als Augen
- Blumendraht
- Kleber

So gehst du vor

- Klebe die Kerne (oder Beeren) als Augen auf den Zierkürbis.
- Forme anschließend aus Draht locker zwei Beine.
- Steche die Beine in den Kürbis.
- Forme die Beine am Körper so, dass der Vogel nicht umfallen kann.

Holundermarmelade

Holunder ist wahrlich ein Wundergewächs! Wie duftet der Strauch im Frühling, wenn die weißen Dolden blühen. Dann können wir köstliche Delikatessen zaubern wie Hollerküchlein oder Holundersirup.

Die getrockneten Blüten behalten lange ihren intensiven Duft und machen sich prima für bunte Potpourris (siehe Seite 60). Zusammen mit anderen Pflanzen eignen sie sich hervorragend für aromatische Kräutertees (siehe Seite 62).

Aus den dunklen, reifen Beeren kannst du im Herbst würzige Marmeladen und Gelees kochen, und der vitaminreiche Holundersaft hilft im Winter bei Erkältungen.

Das brauchst du
- 2 Töpfe
- 500 g Äpfel
- 1 Zitrone (Saft und geriebene Schale)
- 4 Nelken
- 1 kg Gelierzucker
- 1 kg Holunderbeeren
- 125 ml Wasser
- Baumwolltuch
- Gläser mit Schraubdeckel (heiß ausgespült)

So gehst du vor
- Schneide die Äpfel in Würfel und lasse sie zusammen mit dem Zitronensaft, den Nelken und 500 g Gelierzucker vermischt über Nacht zugedeckt ziehen.
- Zupfe die Holunderbeeren von den Dolden und wasche sie.
- Lasse sie nun mit dem Wasser fünf Minuten sprudelnd kochen und streiche den Holunderbrei anschließend durch das Baumwolltuch.
- Koche die eingelegten Äpfel auf, gib 500 ml Holundersaft hinzu und lasse das Ganze nochmals zwei Minuten kochen.
- Rühre jetzt den restlichen Gelierzucker unter und lasse die Marmelade noch weitere zwei Minuten sprudelnd kochen.
- Nun kannst du die Marmelade in die Gläser füllen und verschließen – fertig! Sie hält sich mindestens ein Jahr.

ACHTUNG! Du solltest auf keinen Fall rohe Holunderbeeren essen. Alle Teile der Pflanze enthalten ein Gift. Wenn du aber die Beeren kochst, wird das Gift unschädlich gemacht.

Holunderfarbe

Holundersaft hat eine wunderschöne, violettrote Farbe. Man kann ihn nicht nur trinken, sondern auch fantastisch mit ihm färben.

Tipp: Wenn du auf das Papier vor dem Besprühen einige Blätter legst, ergeben sich originelle Blattmuster.

Das brauchst du

- 1 kg Holunderbeeren
- Topf
- 3 bis 4 Esslöffel Wasser
- Schüssel
- Baumwolltuch
- Holzlöffel
- Wäscheklammern
- verschließbare Flasche

Der gekochte Saft hält sich in einer Flasche im Kühlschrank mehrere Tage lang.

Von diesem Saft kannst du nun eine kleine Portion zum Färben verwenden. Oder zerstampfe einfach ein paar frische Beeren und presse sie durch ein Tuch.

Den gekochten oder frischen Saft gibst du, nach Belieben mit mehr oder weniger Wasser verdünnt, in eine Sprühflasche (zum Beispiel eine Blumenspritze). Jetzt kannst du ihn auf Papier sprühen.

Dafür musst du nicht immer neues Papier kaufen. Bewahre stattdessen lieber alle verwertbaren Verpackungspapiere auf. Sogar die Falten und Knitter von altem Packpapier lassen sich künstlerisch einsetzen. Auf diese Weise erhältst du wunderschönes Papier zum Verpacken von Geschenken.

So gehst du vor

- Wasche die reifen Beeren und zupfe sie von den Dolden (oder schneide sie mit einer Schere ab).
- Lasse die Beeren mit ein paar wenigen Esslöffeln Wasser in einem Topf für zehn Minuten kochen.
- Anschließend zerstampfst du die gekochten Beeren mit einem Holzlöffel.
- Befestige danach ein Baumwolltuch am Rand einer Schüssel mit Wäscheklammern.
- Gib die gekochten Beeren in das Tuch, lasse sie gut abtropfen und streiche mit dem Holzlöffel soviel Flüssigkeit wie möglich durch das Tuch.

Holunderlichter

Wenn im späten Herbst die Abende kühler und dunkler werden, dann tauchen die Holunderlichter das Haus in ein gemütliches, warmes Licht.

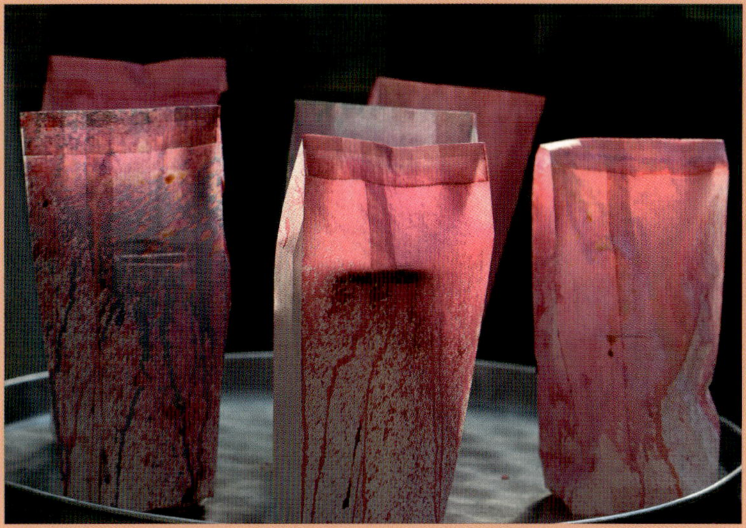

Sprühe mit der Blumenspritze etwas verdünnten Holundersaft auf ein paar Butterbrottüten. Stülpe vorher die Tüten über passende Gläser und lasse die aufgesprühte Farbe trocknen. Die Laufspuren der Farbe ergeben interessante Muster.

Stelle in die getrockneten Tüten kleine Gläser mit einem Teelicht. Dekoriere eventuell die Tüten mit Holunderzweigen und Fruchtdolden. Oder schneide aus Papier kleine, tanzende Holunderhexen aus und stelle sie in die Tüte.

Bohnenketten

Leuchtend bunte Ketten aus pflanzengefärbten Erbsen und Bohnen! Die herrlich roten und violetten Farbtöne stammen aus dem Saft von Geranien und Holunderbeeren.

Zwar haben Feuerbohnen von Natur aus prächtige Farbtöne, allerdings werden diese mit der Zeit immer brauner. Solange die Bohnen frisch sind, lassen sie sich leicht zu Ketten auffädeln. Getrocknete Bohnen lässt du über Nacht in Wasser einweichen, dann kannst du sie am nächsten Tag auffädeln.

Tipp: Und noch eine schmucke Idee: Bastele dir aus den eingefärbten Erbsen und Bohnen auch Armbänder oder Ohrringe passend zur Kette!

Wenn du rote oder violette Ketten basteln möchtest, stelle zuerst die Pflanzensäfte her (für den Geraniensaft siehe Seite 42, für den Holundersaft siehe Seite 144). Trockene, weiße Bohnen oder Erbsen können in dem Pflanzensaft über Nacht einweichen. Die Samen nehmen die Pflanzenfarben unterschiedlich an und es entstehen viele verschiedene Farbtöne. Nun kannst du die farbigen Samen leicht auf stabile Zwirnfäden, Nylonschnur oder dünnen biegsamen Draht fädeln. Lange Ketten passen über den Kopf. Für eine kurze Kette kannst du dir im Bastelladen den geeigneten Verschluss kaufen.

Naturschmuck

Wenn du in der Natur Ausschau hältst, wirst du eine große Vielfalt an Materialien entdecken, die sich gut für Schmuck eignen:

- verschiedene Samen oder Samenkapseln wie Bohnen, Kastanien, Eicheln, Bucheckern, Kürbiskerne, Apfelkerne etc.
- kleine Früchte wie Hagebutten (am besten fädelst du die Früchte zuerst auf eine Schnur und lässt sie daran trocknen. Die Beeren schrumpeln zwar leicht, behalten aber ihre rote Farbe.)
- hohle Gras- und Strohhalme
- hohle Stängel von Wiesen-Bärenklau (siehe auch Seite 91) und Japanischem Staudenknöterich (siehe auch Seite 92)
- Zweige vom Holunder (du kannst das weiche Mark aus der Mitte leicht mit einem Schaschlikstäbchen entfernen.)

Im Bastelladen gibt es eine große Auswahl an Schnüren, Lederbändern und Verschlüssen. Und jetzt nichts wie ran an deine eigene Naturschmuck-Kollektion!

Schmuckanhänger

Aus kleinen Rindenstücken, die sich auf einem Spaziergang im Wald finden lassen, kannst du dir natürliche, rustikale Anhänger fertigen. Mit weiteren Naturmaterialien wie dünnen Zweigen oder Moos beklebt, erhältst du so einzigartige Schmuckstücke. Für den letzten Feinschliff kannst du das Ganze zum Schluss mit Handbohrer und Schleifpapier bearbeiten.

Manche Baumäste besitzen einen schönen, lebendigen Holzkern. In dünne Scheiben gesägt, brauchst du nur noch mit dem Handbohrer ein Loch für das Lederband zu bohren. Mit etwas Schleifpapier kannst du nun die Ränder schön glatt schleifen. Vielleicht hast du auch Lust, die Astscheiben mit etwas Farbe oder Gold zu gestalten?

Aus selbst gesammeltem oder gekauftem Ton (siehe Seite 180) lassen sich ebenfalls Anhänger formen. In den noch weichen Ton kannst du danach Pflanzenteile eindrücken. Allerdings ist es besser, wenn die fertigen, getrockneten Teile gebrannt werden, um sie haltbarer zu machen.

Die zwei Schwestern haben aus Erdnüssen witzige, bunte Ohrhänger gebastelt. Genaueres darüber erfährst du auf Seite 130. In die Schalen piekst du mit einer Nadel vorsichtig zwei Löcher und schiebst einen dünnen Gold- oder Silberdraht hindurch.

Im Bastelladen gibt es verschiedene selbsttrocknende Massen. Hieraus kannst du dir runde, ovale oder eckige Anhänger formen. Wenn die Masse getrocknet und schließlich mit einem Loch versehen ist, bemale sie nach Herzenslust bunt. Zum Schluss kannst du deinen Anhänger auch noch mit verschiedenem Pflanzenmaterial bekleben.

Lampionblumen

Wie gemütlich ist es im Winter zu Hause, wenn die Lichterkette mit den Lampionblumen brennt! Das Licht macht besonders die schönen warmen Rottöne und die zarten Verästelungen auf den kleinen Lampions sichtbar.

Du kannst die Lichterkette auch zusammengefaltet lassen und sie wie einen Blumenstrauß in ein Gefäß stellen.

Das brauchst du

- eine Lichterkette (LED-Lampen)
- Lampionblumen
- Nagelschere

So gehst du vor

- Piekse mit einer Nagelschere ein kleines Loch oben in jeden Lampion.
- Schneide vorsichtig um den Stiel herum.
- Entferne den Stiel.
- Schiebe das Lämpchen der Lichterkette hinein. Nun kann der Leuchtzauber beginnen!

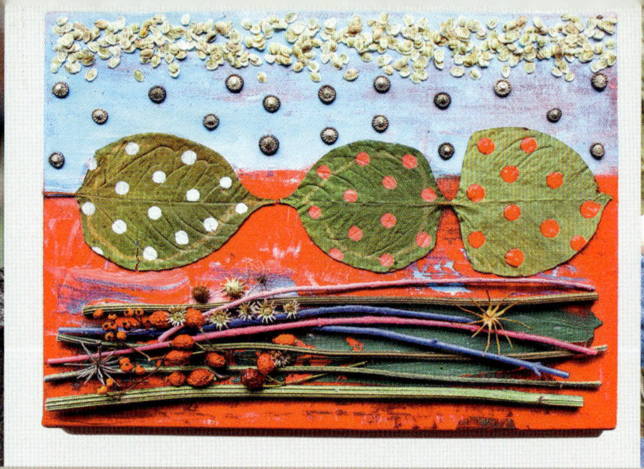

Geschenke aus Hölzern

HERBST UND WINTER

TIPP

KUNST

DEKORATION

Stelle deine Zweige und Äste zu Hause in einem Blumentopf, den du mit Sand füllst, zu ungewöhnlichen Sträußen zusammen oder verschenke statt Blumen einen originellen Holzstrauß. Nicht nur die glatten Äste sehen schön aus, auch die verwitterten, zerfressenen, mit Flechten und Moosen bewachsenen Hölzer sind faszinierend anzuschauen.

Hölzer sammeln

«Ich suche nicht, ich finde.» Pablo Picasso

Ob Äste, Stöckchen, Zweige, Rinden, Wurzeln … Wenn du in der Natur Hölzer findest, dann nimm nur die Teile mit, die am Boden liegen. Frische Zweige und Äste darfst du lediglich dann sammeln, wenn die Gemeinden und Städte im Frühjahr Bäume und Sträucher beschneiden.

Betrachte einmal deine einzelnen Fundstücke. Siehst du, wie jedes auf seine Art sehr besonders, einzigartig und unverwechselbar ist?

Manchmal begegnet man im Wald auch sehr geheimnisvollen Wesen …

Aus Ästen und Zweigen kannst du viele fantasievolle Geschenke gestalten.

Bunter Ast
Wenn du die Rinde abschälst, kannst du den Ast mit jeder dickflüssigen Farbe (wie zum Beispiel Acrylfarbe) gestalten.

Bunter Wollzweig
Umwickele einen verzweigten Ast mit Fäden, Schnur, Bast, Draht, Wolle oder bunter Filzwolle und kreiere daraus einen ausgefallenen Strauß zum Verschenken.

Äste und Zweige

Buntes Objekt mit Zweigen
Bemale die Zweige mit bunten Farben. Jetzt kannst du sie wie einen bunten Blumenstrauß in ein passendes Gefäß (Flaschen, Konservendosen, Gläser …) stellen. Oder du bastelst, wie hier im Bild zu sehen, einen Holzsockel, in den du passende Löcher für die Zweige bohrst.

Vase aus Zweigen
Die Anleitung für die Vase aus Zweigen und Rinde findest du auf Seite 18–19.

Rahmen aus Zweigen

Aus trockenen Zweigen lassen sich leicht schöne Umrahmungen oder Rähmchen für Bilder, Spiegel oder Fotos basteln.

Sammle nicht nur junge, glatte Zweige, sondern auch alte «zerzauste» und mit bunten Flechten überzogene. Verwende für die Rähmchen alles, was du auf dem Waldboden findest, wie Moos, Flechten oder Früchte und kleine Zapfen.

Das brauchst du

- Zweige
- wahlweise Schnur, Draht, Bast oder Bindfaden
- Heißkleber oder Holzleim

Nachdem du die Zweige in die richtige Länge geschnitten hast, kannst du sie an den Enden mit Schnur oder Draht zusammenbinden. Wenn du ein selbst gemaltes Bild oder ein Foto auf festes Material wie Holz oder dicke Pappe klebst, kannst du auch am Rand dünne Zweige mit Heißkleber anbringen.

Kunst mit Zweigen

Mit trockenen Zweigen und Samenkapseln, mit getrockneten Blüten, Blättern und Früchten kannst du auf kleinen Leinwänden, Holzbrettchen oder Pappen fantastische Kunstwerke gestalten.

Das brauchst du

- kleine Leinwand (20 x 20 cm)
- dickflüssige Farben (Wand-, Abtön-, Acrylfarben etc.)
- trockene Zweige
- evtl. weiteres Naturmaterial
- Heißkleber oder anderen gut fixierenden Klebstoff

So gehst du vor

- Schneide Zweige in der passenden Länge zurecht.
- Male sie an.
- Bemale die Leinwand mit deiner Lieblingsfarbe.
- Lege die Zweige auf die getrocknete Leinwand und spiele eine Weile mit ihnen auf der Fläche, bevor du dich für eine Komposition entscheidest.
- Klebe die Zweige fest.

Buntes Holz

Wenn du durch einen Wald gehst, in dem viel Totholz liegt, findest du sicherlich auch glattere Teile, die sich zum Bemalen eignen. Unter Umständen musst du sie vorher noch ein wenig mit Schleifpapier glätten, um unebene Stellen zu beseitigen.

Mit dickflüssiger Farbe wie Wand- oder Acrylfarbe lassen sich alle Hölzer gut anmalen. Auch Filzstifte und Marker kannst du verwenden. Damit die Farben klarer und leuchtender sind, solltest du das Holz vorher mit weißer Wandfarbe grundieren.

Wenn du deine Hölzer genauer betrachtest, sie drehst und wendest, dann entdeckst du vielleicht auch Gesichter, Figuren oder Körperteile. Es macht Spaß, diese Entdeckungen farbig zu gestalten.

Im Wald ist die bunte Sonne aufgegangen!

Holz und Rinde

Aus Holz und Rinden kann man viele einzigartige Kunstwerke zaubern.

Häufig fallen beim Sägen interessante Stücke ab. Wieso gestaltest du daraus nicht mal ein fantasievolles Objekt?

Betrachte dein Holzstück von allen Seiten, bevor du es bearbeitest und zur Farbe greifst. Vielleicht ist das Bemalen gar nicht nötig, weil es schon für sich eine spannende Form besitzt.

Wenn du das Holz mit Naturmaterialien bekleben möchtest, besorgst du dir am besten eine Heißklebepistole.

Bäume besitzen sehr unterschiedliche Rinden, glatte oder zerfurchte, dünne oder dicke, geschmeidige oder brüchige. Viele Rindenstücke, die man im Wald findet, lassen sich mit Messer und Gartenschere gut bearbeiten, beispielsweise für eine Maske. Auch Augen kannst du eventuell ausschneiden. Nase und Mund lassen sich aus kleinen gebrochenen Rindenstückchen aufkleben. Zum Aufhängen bohrst du zum Schluss oben zwei Löcher für einen Draht oder eine Schnur.

Wenn du dein Stück farbig gestalten möchtest, dann sind der Fantasie keine Grenzen gesetzt. Je dünner und sparsamer du die Farbe aufträgst, umso besser bleiben die Werkspuren und Strukturen des Holzes sichtbar.

Auf einem kleinen Metallständer aus dem Bastelladen bekommen die Holzobjekte eine künstlerische Note.

Schwemmholz

Treibholz, Flussholz, Schwemmholz, Fundholz … welche Vergangenheit ist darin verborgen? Wasser und andere Naturgewalten haben das Holz gestaltet, seine ungewöhnliche Form geprägt. Kein Stück gleicht dem anderen. Jeder Ast, jede Wurzel erzählt eine andere Geschichte.

Bei Spaziergängen am Meer, an Flüssen, Seen und Bächen macht es Vergnügen, nach Treibhölzern zu suchen. Je nach Fund kannst du dich von der Form inspirieren lassen und daraus ein interessantes Objekt gestalten.

Deine kleinen Treibhölzer kannst du zum Beispiel unter die Decke hängen oder ans Fenster. Nimm zwei gleich lange Stücke aus dünnem Draht. Schiebe das erste Holz dazwischen und verdrille den Draht so, dass das Holz fest eingeklemmt ist. So kannst du beliebig lange Ketten bilden.

Das brauchst du

- kleinen Block Ton oder Lehm für den Sockel
- Alufolie
- Seidenpapier für die Teelichthalter
- Tapetenkleister
- Borstenpinsel
- Teelichter

So gehst du vor

- Forme einen etwa 10 cm hohen Block aus Ton oder Lehm.
- Drücke das Holz tief hinein und überprüfe, ob es so stehen kann.
- Forme die Teelichthalter aus Alufolie. Dazu setzt du ein Teelicht mitten auf ein rundes Stück Folie und formst die Folie wie einen Kelch um das Teelicht herum. Wenn der Kelch fertig ist, kannst du das Teelicht wieder entfernen.
- Reiße das Seidenpapier in kleine Stücke.
- Rühre nach Packungsanleitung den Tapetenkleister an.
- Bestreiche die Papierstücke mit Tapetenkleister und klebe die Alukelche mit dem Papier am Holz fest.
- Klebe mehrere Schichten Seidenpapier auf den Kelch.
- Beklebe auch den Tonsockel mit Seidenpapier.
- Lasse das Ganze gut durchtrocknen.
- Du kannst den Leuchter nach Belieben nun auch farbig gestalten.

Wenn du viele Schwemmhölzer gesammelt hast, kannst du sie mit einer Heißklebepistole um ein geeignetes Glas oder eine alte Lampe kleben.

Für so einen ausgefallenen Teelichterbaum brauchst du ein Fundholz mit Verzweigungen. Du kannst aber auch einen geeigneten Ast suchen.

Birkenkunst

Die Birke gilt als der Baum der Liebe und des Glücks. Versuche niemals, die Rinde von einer lebendigen Birke abzuschälen! Das würde sie töten.

Auf manchen Streifzügen durch den Wald kannst du mit etwas Glück Rindenstücke von abgestorbenen oder gefällten Birkenbäumen finden.

Der verzweigte Birkenast wurde in einen Klumpen Lehm hineingepresst, damit er nicht umfallen kann. Später nach dem Trocknen wurde der Lehm dick mit schwarzer Wandfarbe übermalt. Die Federn sind mit Heißkleber auf die Schnittstellen der Äste geklebt und kleine Erdnüsslinge (siehe Seite 130) flattern auf dem Federbaum herum. An einer Schnur pendelt ein Hühnergott. So nennt man einen Stein mit einem natürlichen Loch.

Birkenrinde ist dünn und elastisch und lässt sich gut zu Röhren verkleben. In diesen Röhren hier halten sich kleine Marmeladengläser verborgen. Sie sind ebenfalls als Blumengefäße geeignet (für andere Gefäße siehe Seite 18).

Und wie wäre es mit diesem Einfall: Schreibe kleine Botschaften oder Glückwünsche auf deine Rindenstücke!

Vielleicht hast du selbst ganz andere Ideen?

Holzklötzchen

Aus Holz und Rinden kann man viele fantasievolle Kunstwerke zaubern.

Grobe, ungeschliffene Holzklötzchen findet man zwar nicht in der Natur, dafür aber mit etwas Glück in so manchen Holzabfallkisten bei Schreinern, Heimwerkern oder in Sägereien.

Jedes noch so schlichte Holzklötzchen kannst du ganz leicht zum Leben erwecken!

Dafür brauchst du nur ein paar Filzstifte oder Marker und etwas schwarze und weiße Wand- oder Acrylfarbe. Und mit ein paar kleinen Fundstücken aus der Natur zauberst du originelle Gesichter und Frisuren.

Das Besondere bei diesen Figuren ist, dass die Gesichter über eine Ecke des Klötzchens gemalt oder gezeichnet werden. Dadurch wirken sie räumlich und lebendig.

Klotz-Köpfe

Auch diese Klötze stammen aus der Abfallkiste eines Schreiners. Sie sind etwa 20 cm hoch und 7,5 cm tief.

Für einen Klotz-Kopf benötigst du ein Porträtfoto, das die Person möglichst frontal zeigt. Für diese Klötze ist ein Hochkantfoto im DIN-A5 Format die ideale Größe.

Das brauchst du

- 1 Porträtfoto
- Papierkleber oder Leim
- Heißkleber
- trockene Naturmaterialien für Frisuren und Gesichter

So gehst du vor

- Schneide das Gesicht aus.
- Falte es in der Mitte.
- Klebe es auf den Holzklotz. Du kannst den Klotz auch vorher nach Belieben bemalen.
- Klebe mit Heißkleber Naturmaterialien auf. Wenn du die Klotz-Köpfe stapeln willst, solltest du auf die oberen Flächen kein Naturmaterial aufkleben.

Tipp: Du kannst die Köpfe zu ungewöhnlichen Säulen aufstapeln: Familiensäulen, Freundessäulen, Geschwistersäulen …

Geschenke aus Erde und Stein

HERBST UND WINTER

Dekoration

Kunst

Besonderes

Lehmfiguren

In vielen Gegenden kommen Lehm und Ton in der Natur vor. Daraus haben die Menschen in früheren Zeiten ihre Ziegel geformt und gebacken. Je nachdem, welche Mineralien enthalten sind, kann der Lehm unterschiedlich gefärbt sein.

Wenn du nicht sicher bist, ob sich dein Lehm formen lässt, machst du am besten eine Probe: Versuche, etwas Lehm zu einer kleinen Kugel zu formen, indem du ihn zwischen beiden Händen rollst. Fällt alles auseinander, dann enthält der Lehm zu viel Sand und ist zum Formen unbrauchbar. Ist genügend Ton enthalten, dann kannst du schöne, gleichmäßige Kugeln formen. Guter Lehm bleibt an den Händen kleben. Falls der Lehm zu trocken ist, füge etwas Wasser hinzu und verknete ihn zu einer geschmeidigen Masse.

Wenn du etwas größere Figuren gestalten willst, dann kannst du den Lehm mit Heu und Wasser vermischen und verkneten. Diese Figuren sind stabiler und reißen beim Trocknen viel weniger, weil das Heu den Lehm verbindet.

Lehmschälchen

Aus kleinen Kugeln kannst du runde Perlen rollen oder kleine Walzen und Spiralen formen. Die Löcher stichst du am besten mit einem Schaschlikstäbchen aus Holz in die Perlen.

Viele kleine Naturgeschenke lassen sich aus Lehm herstellen:

- Perlen
- Anhänger
- Schälchen
- kleine Figuren
- kleine Köpfe oder Masken
- kleine Glücksbringer (Talismane)

Aus etwas größeren Kugeln kannst du auch kleine Schälchen oder Schmuckanhänger formen. In den weichen Ton lassen sich viele Naturmaterialien hineindrücken, wie zum Beispiel Samenkapseln, Rindenstückchen oder Pflanzen.

Die fertigen, getrockneten Teile brennst du entweder in einem Kaminfeuer oder in einem kleinen Erdloch mit etwas Holz. Dann bekommt der Lehm durch den Kohlenstoff im Rauch schöne Fleckenmuster.

ACHTUNG! Feuer, ob im Freien oder im Haus, darfst du nur und ausschließlich zusammen mit einem Erwachsenen anzünden, niemals allein! Auch beim Brennen des Tons muss ein Erwachsener als Aufsicht dabei sein.

Kieselsteine

Sammelst du gerne Steine? Ein kleines Kieselsteinchen kann man leicht in die Hosentasche stecken, darum sind sie besonders beliebte Sammelobjekte.

Bunte Steine
Kieselsteine mit kunterbunten, dickflüssigen Farben zu bemalen ist ein herrliches Vergnügen.

In Kästchen, Dosen, Schachteln oder Gläsern werden deine Steine gut zur Geltung kommen, aber besonders schön sind hölzerne Setzkästen. Hier kannst du vielleicht deine besonderen Stücke und die glatten Schmeichelsteine aufbewahren oder eine interessante Steinsammlung anlegen.

Gebänderte Steine

Hast du bei Kieselsteinen schon die große Vielfalt an Formen und Farben wahrgenommen? Es macht Spaß, gebänderte Steine zu sortieren. Lege aus deinen gebänderten Kieseln eine einfache Form auf einer dunklen Holzplatte und klebe sie mit Heißkleber fest. Mit einem weißen Marker kannst du die Linien der Steine auf der Holzplatte fortführen.

Kunterbunte Kiesel

Bunte Steine regen dazu an, mit ihnen zu spielen und viele Formen auszuprobieren und zu legen.
Mit Heißkleber oder anderen Kraftklebern können deine Fantasiewerke leicht auf vielen festen Untergründen fixiert werden.

Wie wäre es mit einer exotischen Steinschlange oder mit einem geheimnisvollen Steinkreis? Auch originelle Bilderrahmen oder Spiegel kannst du mit flachen Kieseln bekleben.

Steinpralinen

Willst du deinen Liebsten eine ganz besondere Überraschung anbieten? Dann solltest du auf keinen Fall die nächste Pralinenschachtel entsorgen!

Im goldenen Glanz der Verpackung sehen deine gesammelten Steine garantiert sehr edel und kostbar aus. Manche sind tatsächlich den echten, süßen Dragees und Pralinen zum Verwechseln ähnlich.

Also – pass auf, dass sich deine Familie und Freunde an ihnen nicht die Zähne ausbeißen! Sie sollten sich an den Steinpralinen nicht satt essen, nur satt sehen.

Liebesbotschaften auf Stein

Möchtest du deine Liebesbotschaft wie ein Pop-Art-Künstler in schrillen, bunten Farben ausdrücken? Das kannst du auf einem selbst gefundenen Stein tun.

Das brauchst du

- 1 Stein
- dickflüssige Farben
- Borstenpinsel
- eventuell Filzstifte und/oder Marker

Die Farben werden leuchtender, wenn du den Stein zuerst mit weißer Wandfarbe grundierst. Lasse die weiße Farbe trocknen, bevor du nun deine Liebesbotschaft malst oder schreibst. Pop-Art-Künstler haben die farbigen Flächen meistens mit schwarzen Konturen umrandet.

Steinige Ideen

Mit Montagekleber oder auch mit Heißkleber kannst du kleine Kieselsteine auf fast jede Oberfläche kleben. So lassen sich alte Marmeladengläser in dekorative Steingefäße verwandeln.

Du kannst die Steinchen auch auf einem zugeschnittenen Holzbrettchen anbringen und dieses dann in der Küche etwa für heiße Töpfe verwenden. Bei dem abgebildeten Untersetzer wurden die Kieselsteine einzeln mit einem dünnen Draht auf einem rund zugeschnittenen Hühnerdraht fest angedrahtet.

Figuren aus flachen Kieselsteinen
Flache Kieselsteine lassen sich zu fantastischen Figuren und Figurengruppen legen. Male nach Lust und Laune mit Filzstift und etwas Acrylfarbe noch ein paar Details dazu, wenn du magst.

Die abgebildeten Figuren wurden mit Heißkleber auf kleine abgenutzte Holzbrettchen geklebt.

Kannst du aus deinen Kieselsteinen noch andere Firguren als Vögel und Schafe gestalten?

Steinchenspiele

Die alten Römer liebten Brettspiele mit Steinen. Wenn sie kein Spielbrett zur Verfügung hatten, setzten sie sich einfach einander gegenüber auf den Boden und ritzten die nötige Form des Brettes auf den Platz, auf dem sie saßen.

Kreismühle

Das brauchst du

- 6 kleine Kieselsteine
- Pappe
- Lineal
- Filzstifte
- dickflüssige Farben

So gehst du vor

- Zeichne einen Kreis und unterteile diesen mit vier Linien in acht gleich große Stücke.
- Male jeweils drei Steine in derselben Farbe an.

Spielanleitung für die Kreismühle:

Die zwei Spieler haben je drei Steine.
Sie setzen ihre Steine abwechselnd, je einen Stein.
Es gewinnt, wer als erster seine drei Steine auf drei Schnittpunkten auf einer Linie liegen hat und dadurch eine Mühle bildet.
Es darf nicht mit den Steinen gesprungen werden, sondern man schiebt sie nur auf einen der nächsten Schnittpunkte.

Damespiel

Das brauchst du

- 24 kleine Kieselsteine
- Pappe oder Schieferplatte
- Lineal
- Filzstifte
- dickflüssige Farben
- Pinsel

So gehst du vor

- Zeichne die abgebildete Form auf eine Pappe oder eine Schieferplatte. Male 24 Steinchen an, beispielsweise in rot und weiß oder in zwei verschiedenen anderen Farben und gemustert.

Spielanleitung für das Damespiel:

Jeder Spieler erhält zwölf Steine.
Sie werden so auf das Brett gelegt wie auf der Abbildung mit der Schieferplatte gezeigt.
Die Steine werden von Punkt zu Punkt bewegt.
Durch das Überspringen eines gegnerischen Steines wird dieser Stein geschlagen und aus dem Spiel genommen.
Das Schlagen des Steines muss ausgeführt werden, sonst wird der Stein vom Gegenspieler weggenommen
Mehrfaches Schlagen ist möglich.
Sieger ist der Spieler, der als erster alle gegnerischen Steine eingenommen hat.

Steinkunst

Wenn du an einem Fluss große Kieselsteine sammeln kannst, hast du unbegrenzte Möglichkeiten, mit ihnen Kunstwerke zu gestalten. Es macht großen Spaß, daraus Türme zu bauen oder die Steine der Größe nach zu stapeln. Bei diesem Steinobjekt sind zwei schöne, glatte Steine mit Paketschnur zu einem Geschenk mit Feder und Zapfen zusammengebunden.

Häufig findet man große Flusskiesel, die an verschiedene Formen von Menschen- oder Tierköpfen erinnern. Nun musst du nur noch ein paar passende kleine Kieselsteine für Augen, Nase und Mund suchen und diese mit Heißkleber oder einem anderen Kraftkleber befestigen.

So einfach werden aus flachen Kieselsteinen und schwarzen Filzstiftlinien ein paar lustige Piepmätze – probier's mal aus!

Naturgeschenke

ALLE JAHRESZEITEN

TIPP

KUNST

DEKORATION

Stranderinnerungen

Hast du die Ferien am Meer verbracht? Dann hast du am Strand bestimmt schöne Muscheln und anderes Strandgut gesammelt.

Fülle ein Glas mit etwas Sand und fülle oder beklebe es mit Naturmaterial. Setze nun ein Teelicht dazwischen, und du erhältst ein tolles Windlicht, das dir den schönen Urlaub am Meer noch ein wenig nach Hause holt.

Du kannst deine Strandobjekte auch in Gips gießen (siehe Seite 98).

Wie man eine kleine Meerjungfrau aus einem Holzklötzchen bastelt, erfährst du auf Seite 174.

Oder du gestaltest ein besonderes Glasgefäß, das mit deinen sorgsam gesammelten kleinen Muscheln verziert ist.

Das brauchst du

- 1 Glas
- Caparol oder Holzleim
- Borstenpinsel
- Sand
- Heißkleber oder Klebstoff
- Strandmaterial

So gehst du vor

- Bestreiche das Glas von außen mit Caparol oder Leim.
- Streue Sand auf den noch nassen Kleber.
- Lasse den Sand trocknen.
- Klebe das Strandmaterial auf.

Strandbilder

Wecken diese Strandbilder deine Sehnsucht nach dem großen Meer? Mit Sand und Leim kannst du selbst solche Meeresstimmungen zaubern.

Sand lässt sich leicht auf viele Untergründe wie Holz oder Leinwand leimen und trocknet fest auf.

Wenn du auf dein Bild eine dicke Sandschicht aufbringen möchtest, mische dir zuerst mit Caparol oder Holzleim einen Sandbrei an. Für einen kleinen Joghurtbecher Sand benötigst du etwa einen Esslöffel Leim. Füge vorsichtig etwas Wasser hinzu, sodass ein dicker Brei entsteht.

Diesen Brei kannst du nun mit einem Messer oder einem Spachtel auf deinen Untergrund streichen. Drücke dein Strandmaterial wie Muscheln, Federn etc. hinein, solange der Sandbrei weich ist.

Wenn du den Sand nur in einer dünnen Schicht auf deinem Bild haben möchtest, kannst du den Leim mit einem Borstenpinsel direkt auf den Untergrund auftragen. Der Untergrund kann auch bemalt sein. Anschließend streust du den Sand locker darüber und schüttelst die überschüssigen Körner ab.

Drahtfiguren

Eine Drahtfigur zu kreieren ist ein riesengroßes Vergnügen, weil du den Draht nach Herzenslust verbiegen und formen kannst. Am besten eignet sich dünner, formstabiler, geglühter Eisendraht (1 bis 2 mm dick) oder einfacher Blumendraht aus dem Drahthandel oder Hobbybedarf. Aus einer preiswerten Drahtrolle lassen sich viele einzigartige Plastiken gestalten.

Wenn du zum ersten Mal Draht in die Hand nimmst, solltest du nicht gleich auf eine perfekte Figur aus sein. Probiere das Material aus, du kannst es biegen, wickeln, verdrehen, formen …

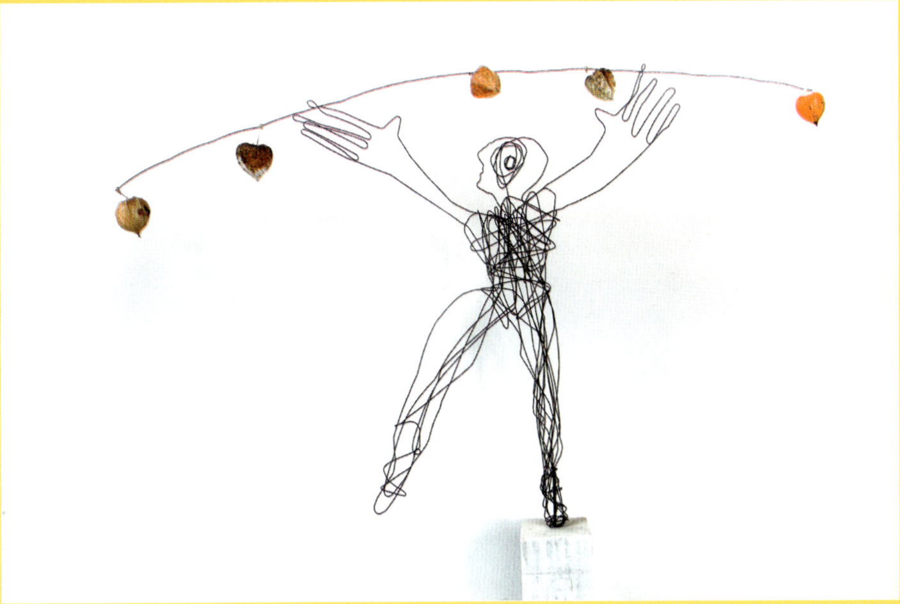

Am lebendigsten wirkt deine Figur, wenn du sie aus einem langen Stück möglichst zügig formst, ohne dich mit zu vielen kleinen Details aufzuhalten. Es kommt weniger auf anatomische Richtigkeit und Genauigkeit an. Je lockerer du die Figur formst, umso stärker werden ihr Ausdruck und Auftritt sein.

Wenn du an der fertigen Plastik trockene Pflanzen andrahtest, können deine Figuren viele Geschichten über die Natur erzählen.

Statt menschlicher Figuren kannst du natürlich auch andere Ideen umsetzen, beispielsweise Formen aus deiner Fantasie oder Kugeln, die du mit Naturmaterial beklebst.

Als Sockel dienen Holzklötze, in die ein langer Nagel eingeschlagen wird. Die Drahtfigur wird mit dem herausstehenden Nagel fest verdrahtet.

Moosobjekte

Viele Gartenbesitzer klagen über das Moos in ihrem Rasen, dabei ist es ein herrlich weiches Material für Formen und Figuren aller Art. Damit die gestaltete Form nicht auseinanderfällt, solltest du sie am Ende immer mit dünnem Draht oder Bindfaden, Wolle oder Garn umwickeln.

Eine plüschige Mooskugel ist leicht gemacht. Wenn du möchtest, kannst du auch eine Styroporkugel oder rund zusammengeknülltes Altpapier mit Moos umhüllen.

Für den Bär formst du ebenfalls zuerst eine dicke Kugel als Bauch und eine kleine als Kopf. Dann modellierst du dazu passend die Arme und Beine und verbindest alle Teile mit Schaschlikstäbchen. Füge mit Heißkleber nun noch die Ohren und die Nase aus geformtem Moos an.

Bei der Moosfigur rechts wurde zuerst eine Figur aus dünnem Eisendraht geformt (siehe Seite 205) und anschließend mit Moos umwickelt.

Der Hirschkopf ist um einen gegabelten Zweig gewickelt und geformt. Die Zweigenden schauen als Geweih heraus.

Das brauchst du

- Moos
- Draht oder Garn
- Schaschlikstäbchen aus Holz
- Heißklebepistole oder anderen Klebstoff

So gehst du vor

Für den Vogel formst du zuerst einzeln eine dickere und eine kleinere Mooskugel und umwickelst beide mit Draht. Dann steckst du die Kugeln mit einem Schaschlikspieß zusammen. Hinten schiebst du für das Schwänzchen einige kleine Federn hinein. Für den Schnabel und die Augen findest du im Wald eine große Auswahl an Naturmaterial.

Geschenkenester

Nicht nur für die Osterzeit … Wenn du ein kleines Geschenk geheimnisvoll verpacken möchtest, kannst du ganz einfach aus etwas Naturmaterial ein Nestversteck basteln.

Sammle beim nächsten Waldspaziergang ein paar Gräser, Zweige, Schlingpflanzen oder anderes biegsames Material und verflechte es zu einem Nest.

Für das Nest kannst du auch ein kleines Gestell aus Zweigen bauen. Stelle dafür die Zweige wie ein Zelt zusammen und verklebe sie mit Heißkleber.

Naturvasen

Mit so einer Vase bringst du ein Stück Natur mitten auf den Tisch.

In allen hier abgebildeten Gefäßen ist ein kleines Marmeladenglas versteckt. Das gesammelte Naturmaterial wird mit Heißkleber direkt auf das Glas geklebt.

Dazu bieten sich viele Naturmaterialien an:

- Zweige und Hölzchen
- Gräser und Halme
- Stängel
- Baumrinden
- Federn
- Steine
- Moos

Bei der Moosvase wurde ein Marmeladenglas mit Moos umwickelt.

Naturobjekte vergolden

Gold ist die Farbe der Sonne und der Pracht. Schon mit ein wenig Gold kannst du Dinge kostbar und edel erscheinen lassen.

Vor allem durch den metallischen Glanz treten die Flächen und Strukturen deutlicher hervor.

Gold eignet sich vor allem als Farbe für kleine Details, die man beim Gestalten stärker betonen möchte. Bei den Kastanien zum Beispiel werden die Rundungen der Runzeln besser sichtbar. Die dunkelbraunen Schoten des Lederhülsenbaums bekommen durch das aufgesprühte Gold einen metallischen, zerbrechlichen Charakter. Beim goldenen Maiskolben tritt die Struktur der Samenkörner intensiver hervor.

Regel: Nicht alles vergolden! Weniger ist mehr.

Naturfotos

Die Natur ist voll von faszinierenden Wundern und Geheimnissen! Es macht Spaß, durch das Auge einer Kamera noch genauer hinzuschauen und die Entdeckung in einem Foto festzuhalten.

Im Wald, im Park oder auf Wiesen gibt es unzählige Motive und du solltest nur das fotografieren, was du selbst auf deinen Streifzügen draußen entdeckst und was du persönlich besonders interessant findest.

Wenn dein Foto später fertig ist, kannst du es auf eine stabile Pappe oder ein Holzbrettchen kleben. Dann befestigst du am Rand des Fotos ein paar Zweige und anderes Naturmaterial mit der Heißklebepistole und fertig ist ein wunderschönes Naturgeschenk.

Naturporträts

Ob groß oder klein, spielen und herumprobieren macht allen Spaß! Und die Natur schenkt jedem von uns eine Fülle von Material, mit dem man spielen kann. Hast du erst einmal begonnen, mit Blättern, Stöckchen und Samenkapseln fantasievolle Gebilde zu legen, dann werden die Ideen für neue Kreationen nur so purzeln.

Ganz egal, welches Bild du mit deinen Naturfunden gestalten willst, grundsätzlich ist immer der erste Schritt: auf der Bildfläche mit dem Material spielen und experimentieren! Lass dir dafür viel Zeit. So findest du bestimmt deine ganz eigene kreative Komposition.

Zeichne mit einem Bleistift die grobe Form eines Kopfes auf eine Unterlage (Pappe, Holz oder Leinwand). Male das Ganze mit dickflüssigen Farben aus. Wenn du willst, kannst du etwas Sand in die noch nasse Farbe streuen, dann bekommt die Fläche eine lebendige Struktur.

Jetzt kann das Spiel beginnen. Hast du genügend Materialien gesammelt, um unterschiedliche Gesichter zu zaubern?

Bei diesen Porträts sind übrigens die Augen aus Eichelhütchen immer die gleichen geblieben; nur die Frisuren, Nasen und Münder haben sich verändert …

Naturcollagen

Es müssen nicht immer Figuren und Gesichter sein. Dein gesammeltes Naturmaterial kommt auch auf abstrakten Bildern gut zur Geltung.

Male auf eine geeignete Unterlage (Pappe, Holz oder Leinwand) eine große, einfache Form: einen Kreis, ein Dreieck, ein Rechteck oder ein Quadrat. Benutze dickflüssige Farbe wie zum Beispiel Acrylfarbe und streue etwas Sand auf die noch nasse Farbe. Dadurch wirkt die Maloberfläche natürlicher und lebendiger.

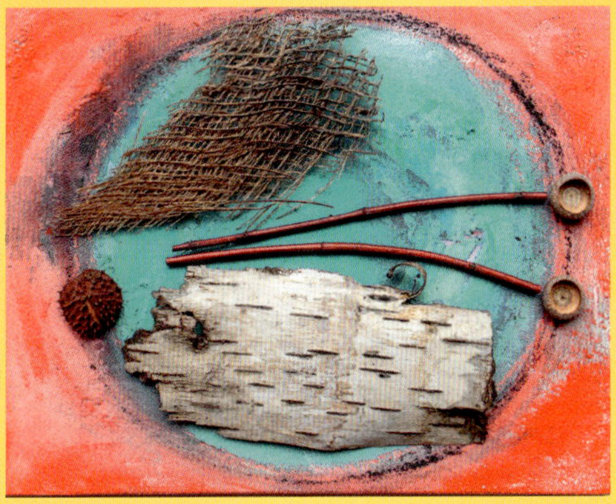

Spiele nach dem Trocknen mit den Fundstücken auf deinem Bild, bevor du sie endgültig mit Heißkleber festklebst.

Materialbilder

Auf deinem Materialbild ist grundsätzlich alles erlaubt, was kleben bleibt. Je nachdem was du gesammelt hast, solltest du vor dem Festkleben mit der Heißklebepistole immer erst verschiedene Kompositionen ausprobieren.

Viele Naturmaterialien haben eher grau-braune, unscheinbare Farbtönungen. Um diese Töne hervorzuheben, solltest du über die Farbe des Hintergrundes nachdenken. Ein bunter Hintergrund lässt die unbunten Naturtöne stärker hervortreten. Außerdem wirkt die Farbe plastischer und natürlicher, wenn du etwas Sand auf die noch feuchte Maloberfläche streust. Genaueres darüber findest du auf den Seiten 202–203 und 218–219.

Hier ein paar Anhaltspunkte, die dir bei der Bildgestaltung helfen können:

- Will ich das Material in einer strengen Ordnung aufkleben oder wild durcheinander?
- Möchte ich viel oder wenig Material benutzen?
- Will ich mein Naturmaterial durch Farbe verfremden?
- Möchte ich den Hintergrund farbig gestalten?

Du kannst das Bild auf festen Untergründen wie Pappen, Holz oder Leinwand gestalten.

Naturobjekte

Wenn du einen Naturfund auf einen kleinen Sockel stellst, bekommt jedes noch so unscheinbare Stück eine ganz besondere Bedeutung.

Ein Sockel erhebt alle Dinge und lässt sie wichtig erscheinen.

Masken aus Baumrinde
Aus alten, abgefallenen Baumrinden kannst du außergewöhnliche Masken bauen, die sicherlich an jeder Wohnzimmerwand eine magische Wirkung haben. Weiteres zu den Masken findest du auf Seite 169.

Das blau angemalte Pferdchen stammt aus der Spielzeugkiste. Darin gibt es außerdem eine Menge anderer Figürchen, die man mit viel Fantasie und Heißkleber festkleben kann.

Objekte aus Lederhülsen
Die von Natur aus gebogenen Hülsen (siehe auch Seite 97) kannst du mit Heißkleber zu originellen Kunstobjekten aufbauen. Die Spitzen des ersten Objektes sind mit Acrylfarben bemalt.

Gläser und Schaukästen

Wenn du deine Fundstücke aus der Natur nach Hause holst, bekommen sie eine neue Bedeutung. Ob im Regal, im Setzkasten, auf Tisch oder Kommode, die größte Aufmerksamkeit erhalten sie, wenn man sie hinter Glas betrachten kann. Auf diese Art wirken sie einzigartig und geheimnisvoll.

Natur im Weckglas

In einem Weckglas kannst du deine Naturstücke zu kleinen Landschaften arrangieren.

Natur im Schaukasten

Als Schaukasten eignen sich viele tiefe Rahmen, die man in unterschiedlichen Formaten im Rahmenhandel kaufen kann.

Die wichtigsten Hilfsmittel

Klebstoffe
Zum Kleben von Naturmaterialien aller Art eignen sich am besten ein lösemittelfreier Heißkleber, den man aus Heißklebepistolen aufbringen kann. Auch größere Kinder sollten immer unter Aufsicht von Erwachsenen mit dem heißen Material umgehen.

Für Steine und Holz kannst du drüber hinaus andere Kraftkleber benutzen.

Für getrocknete Pflanzen verwendest du am besten Holzleim oder Tapetenkleister oder eine Mischung aus beidem.

Mit einem ökologischen Montagekleber auf Naturbasis lassen sich kleine Kieselsteine hervorragend befestigen.

Farben
Zum Bemalen von Hölzern und Steinen sowie für Bilder mit Naturmaterial eignen sich grundsätzlich alle dickflüssigen, deckenden Farben wie zum Beispiel Acrylfarben, Wandfarben, Abtönfarben, Temperafarben, Ölfarben, Fingerfarben, Lacke etc.

Bindemittel
Als Bindemittel für Sand oder Erde ist das Produkt Caparol aus dem Bastelladen sehr gut geeignet. Caparol kannst du außerdem als Kleber für viele kleine, leichte Naturmaterialien verwenden.

Frage an die Leserinnen und Leser

Ich wohne direkt an einem kleinen Wäldchen, das ich zu jeder Jahreszeit leicht aufsuchen kann. Immer wenn ich hinausgehe, bin ich aufs Neue erstaunt. Denn während meiner Abwesenheit hat sich die Natur verändert, es ist irgendetwas aufgeblüht, gewachsen oder verwelkt. Ein Prozess, der niemals endet.

Dieses Foto habe ich an einem strahlenden Tag im März in meinem Wäldchen gemacht. Aber wie? Kannst du sein Geheimnis entschlüsseln?

Teile mir deine Lösung auf meinem Blog mit: **www.helena-arendt.de**

Ich würde mich auch freuen, wenn du mir über deine ganz persönlichen Naturentdeckungen und Erfahrungen berichtest.

Und natürlich bin ich gespannt auf deine kreativen Ideen mit Naturmaterial!

Stichwortverzeichnis

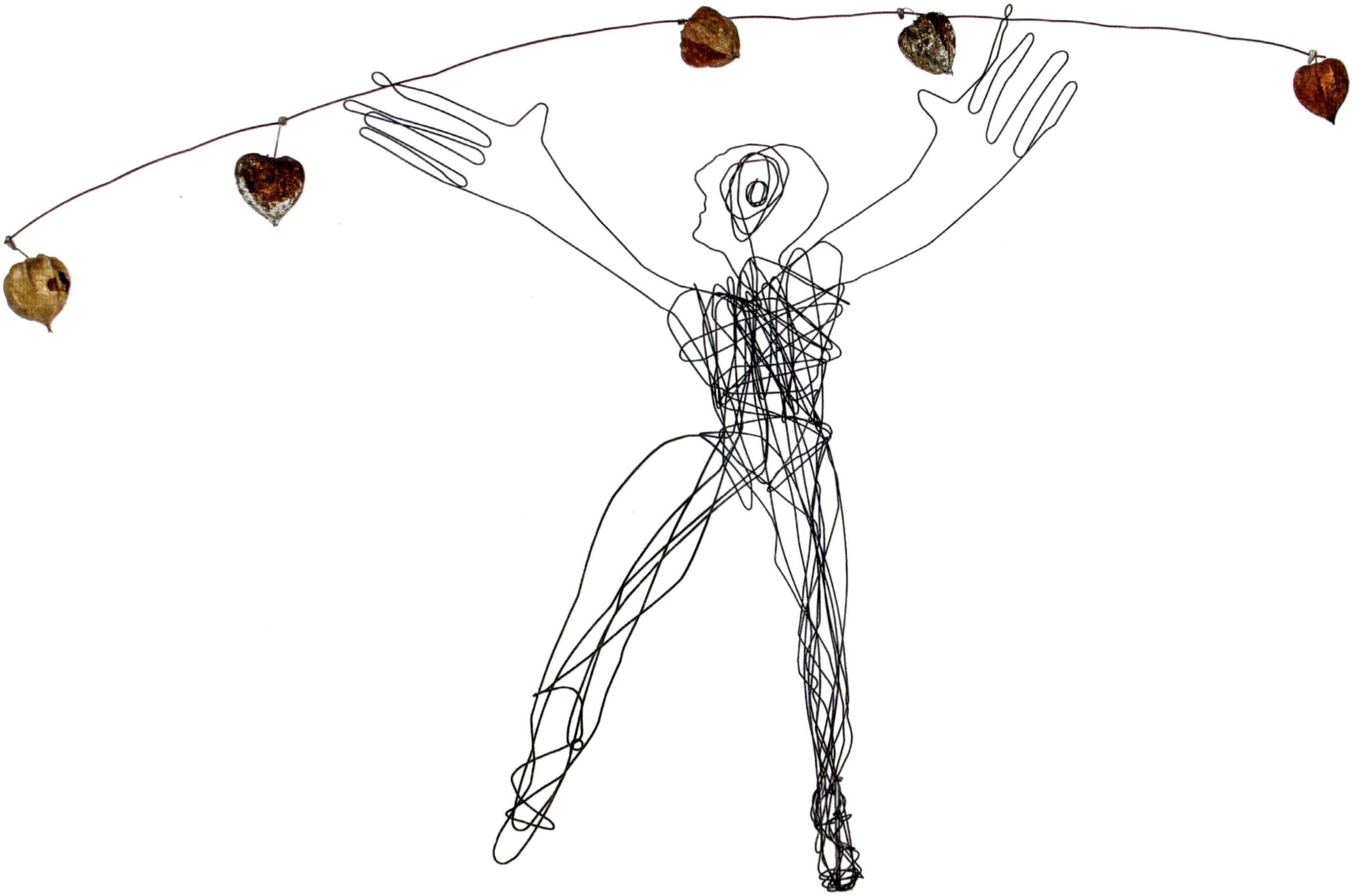